선(禪)으로 푼 근본교리

고위산 백운암

나무 자성불법승 _0_

부처님 법문 한 구절을 이웃에게 전하는 공덕은 수 만 채의 절을 짓는 공덕보다 크다고 경전은 설하고 있습니다.

이 책을 읽고 신심을 낸 분들은 꼭 주변 사람들에게 권하거나, 무주상의 법보시를 실천하시길 간절히 부탁 드립니다. 한 사람, 한 가족을 구제하고 한 부처님을 탄생시키는 거룩한 불사입니다.

☺ 이 책자는 2015년 9월 이전, 백운 스님의 육성법문을 옮긴 것입니다. 최대한 선(禪)의 종지(宗旨)를 벗어나지 않는 한도 내에서 스님의 본뜻을 드러내기 위해 구어체로 기술하였습니다.

☺ 다년간에 걸쳐 법문을 녹취하고 발췌해서 CD로 제작, 음성법문을 법공양 해주신 일해 이상권 거사님께 깊은 감사를 드립니다.

- 차   례 -

1. 오온(五蘊)

: 색(色) · 수(受) · 상(想) · 행(行) · 식(識)

1. 오온(五蘊)

  부처님 법은 단순히 믿음의 종교가 아니고, 깨달음의 종교다. 깨달음은 믿음의 종교로선 해결되는 게 아니다. 부처님 법, 이 불교 이외에는 전부 믿으면 구원받는 걸로 되어있다. 지극하게 믿으면 된다고. 그런데 출발부터 틀리다. 여기서 먼저, 기본예절 한 내용을 살펴보면, 그 이유가 나옵니다.

  우린 처음에 절에 오게 되면 합장을 하게 됩니다. 합장하고 반배의 절을 하는데, 그때 부처님한테 머리가 땅에 닿도록 기본적으로 3번을 절을 한다, 삼보에. 그렇게 하고 향을 올리고, 다기물을 올리고, 촛불을 올리는 등 다섯 가지 예를 올립니다. 여기에 모든 수행이 압축이 되어 있습니다.

  첫째, 합장을 한다는 이유를 잘 보세요. 합장을 한다는 것은 두 손을 합하는 겁니다. 여기에 합장의 의미가 있습니다. 왼손은 주관을 뜻해, 주관! 오른손은 객관세계를 뜻합니다! 이게 뭐냐? 합한다는 건, 주관과 객관세계는 일심(一心)에서 벌어지는 것이지, 주관과 객관이 근원적으로 본래 있는 것은 아니다. 한 생각이 발동함으로써 주(主)와 객(客)이라는 게 나누어지는 것이지, 본래 주와 객은 처음부터 나뉜 것이 아니다, 이런 뜻이야.

그러니 주관과 객관은 둘이 아니기 때문에 '불이(不二)'라고 불러. '아닐 불(不)'자와 '두 이(二)'자. 주관과 객관은 둘이 아니란 뜻으로 '불이(不二)'라고 쓰지만 실제 '다를 이(異)'자를 써야 맞습니다. '주관과 객관은 다르지 않다'라는 의미로 불이(不異), 주관과 객관이 다르지 않다. 쉽게 말하면 이래요, 자! '나'하면 '너'라는 게 상대적으로 성립이 됩니다. 그렇죠? '동쪽'하면 '동서남북(東西南北), 사유상하(四維上下)'가 바로같이 동시에 성립이 됩니다. 공간개념이 됩니다. 시간개념이 아닙니다. 한 법이 일어남으로써 만법이 동시에 성립이 된다, 이 뜻입니다.

그렇기 때문에 우리 일심의 세계에서는 '지금 보고 듣고 하는 이 바탕자리'를 우리는 편의상 '마음'이라고 부

1. 오온(五蘊)

릅니다. '일심'이라고 해요. 이 세계에서는 한 생각이 발동을 해야만 일체 사유상하의 모든 주관과 객관과 가지가지 법이 나누어지지, 한 생각이 발동하지 않으면 '우주'와 '나'는 둘이 아니다, 이런 뜻입니다. '나'라 하는 것은 어디서 나타나느냐? '나'라 하는 것은 오온을 자기로 잘못 알아서 가짜의 그림자를 가지고, 우린 '나'라고 한다. 반야심경에는 '오온개공(五蘊皆空)하니 도일체고액(度一切苦厄)하리라' 이래. 반야심경 읽어봤어요? 반야심경은 뭐냐? 우리가 '나'라고 알고 있는 것이 어디서 얻어지느냐, 이 얘기를 설명하고 있습니다.

그러면 이 '오온(五蘊)'이라는 것이 뭐냐? 부처님이 성불하시고 제일 먼저 하신 말씀이, '참 묘하고 묘하도다! 지금 내가 깨달아 부처가 된 이 마음자리나 중생들이 가지고 있는 마음자리나 조금도 차이가 없다. 똑같이 갖추어져 있다. 부처가 된 내 이 마음은 더 위대하고 아직 부처가 되지못한 중생들은 못하냐? 그렇지가 않다.' 여기서 바로 의문이 생기죠? 그럼 부처와 중생이 근본이 똑같다고 했단 말이야. 그러면 중생이라고 불리는 무리와 부처가, 이름이 달리 불리는 이유가 있을 것 아닌가? 그 이유가 뭐냐 하니까 부처님은 이렇게 말씀하셨어.

중생이라는 무리는 오온이라는 그림을 자기 자신으로 거꾸로 알고 있고, 그럼으로써 자기가 그린 그림의 노예가 돼서 거꾸로 살아가는 사람들이다. 전도몽상(顚倒夢想) 됐다. 거꾸로 뒤집혀서 꿈꾸는 것처럼 살아간다. 부처라는 무리는 어떤 무리냐? 오온이 가짜인 줄을 알아서 그 가짜 그림에 속지 않는 사람이다. 딱 이런 정의가 되어있어. 그러면 중생과 부처를 나누는 분수령이 뭐냐? '오온'이라는 거야, 오온! 자, 그럼 오온이 뭔가 한번 봅시다.

　오온(五蘊)은 한문으로 색·수·상·행·식(色·受·想·行·識), 다섯 가지입니다. 이 다섯 가지를 오온이라 하는데 오온이란 말 자체는 '다섯 가지 껍질', '다섯 가지 덮개', 이런 뜻입니다. 우리 본래 마음을 가리고 있는 다섯 가지 껍질이란 뜻이야, '옷'이란 뜻입니다. 근데 이 오온이란 말을 잘 들어봐요. 오온은 다섯 가지 단계로써 만들어지는 그림이 형성된 과정을 말하는데, 우선, 색·수·상·행·식에서 색은 '빛 색(色)'자를 씁니다, 빛. '빛' 있죠? 누르다, 푸르다 하는 색깔이 '빛 색'자야. 그런데 왜 '빛 색'자를 쓰느냐?

1. 오온(五蘊)

이 몸뚱이와 더불어 존재하는 모든 현상계, 즉 객관세계 일체, 모양 있는 모든 것으로써 색(色)자가 쓰여요. 근데 왜 이걸 색이라 하느냐? 모든 것은 모양 지어짐과 동시에 각자 자기 색깔을 갖게 되어있다. 이게 중요합니다. 모양이 있으면 색깔이 있게 돼있어. 그래서 '형상이 있는 모든 것'을 구구한 설명을 다 빼고 '색법(色法)'이라, 그래. 모양, 빛깔로 사용돼. 그래서 형상이 있는 것, '색'자를 나타낼 때는 현상계 일체, 현상계 전체를 통틀어서 말한다. 그럼, 자기 자신으로 봤을 때는 객관세계 일체가 되는 거야. 여기서 객관세계는 뭐냐? 내 몸뚱이까지도 객관세계야. 이 몸뚱이는 죽어서 흙이 되어 돌아가니까 '참다운 나'는 아닙니다. 그러므로 '몸뚱이로부터 객관세계 일체, 현상계 일체'를 통틀어서 '색(色)'이라 하고, 객관세계라 그래. 제일 첨에 '색'이라 그래, 색.

그다음에 수·상·행·식, 다섯 가지 중에 두 번째, '받아들일 수(受)'자, '받아들일 수'자인데 이것이 무슨 소리냐? 우리는 안·이·비 중 '안', 이게 눈이죠? 눈·귀·코·입, 몸뚱이는 전부 각자 객관세계에 부딪히면서 반응하게 되어있어요. 뭘 반응하는 줄 압니까? 눈으로 모양을 봅니다, 대상이 눈에 닿으면 안식(眼識)이라 그래요. 눈으로썬 모양을 보고, 귀는 소리를 듣는 역할을 해요. 코는 향기 맡는 역할을 하고, 그다음에 혓바닥은 뭐냐? 맛보는 역할, 몸뚱이 전체는 뭐냐? 촉감의 기계입니다. 촉감을 일으키는.

그리고 안·이·비·설·신(眼·耳·鼻·舌·身)의, 다섯 가지를 통해서 받아들이면서 내면의 의식세계(意)가 발동을 하는 거예요. 받아들여서 가지가지 분별, 판단, 망상을 일으켜. 안·이·비·설·신·의(眼·耳·鼻·舌·身·意), 여섯 가지 기관이 대상세계를 보는 거와 동시, 또는 듣는 거와 동시, 냄새 맡는 거와 동시, 맛보는 거와 동시, 촉감을 일으키는 동시에 인식이 만들어져, 인식들. 자기가 보고 듣는 것을 통해서 의식이 일어나면서 인식돼. '이건 무엇 무엇이다'하고. 내 생각 이전에 느끼고 보고 함으로써 만들어지는 이미지가 생긴단 얘기야. 이미지가 생김으로써 이것이 뭐가 있는 것처럼 생각이 되는 거야. 이미지가 생기면, 내 맘에 딱 그 이미지가 생긴 후부터는, 있지도 않는 이미지인데 실제 존재하는 것처럼 느껴져. 내 마음에. 그렇기 때문에 접촉해서 받아들이는 순간을 '수(受)'라 그러고, 대상세계는 '색(色)'이라 하고, 그다음에 세 번째 '상(想)'입니다.

1. 오온(五蘊)

　　이미지가 만들어진 뒤에 무엇이 있는 듯하니까 뭐냐, 있지도 않은 것이 있는 듯하기 때문에 '상(想)'이라고 불러. 실제 있어서 그런 게 아닙니다. 내 의식세계에서 뭐 있는 것처럼 느껴지는 걸 '상'이라 하는 거예요, 여기서. 그러면 느껴지는 걸 '상'이라 하는데 느껴진 다음에는 뭐 있다고 생각하고, 뭐 있다고 생각하면 어떻게 되느냐? 가지가지 집착과 분별하는 행위가 일어나. 분별하는 행위가 일어나는 거는, 분별하는 행위는 반드시 어떤 결과를 가져오느냐? 어떠한 결과든 결과를 가져옵니다. 지(자기) 나름대로 판단한 결과에 의해 가지고 의식이 확정이 돼. 그래서 이것이 자아의식이라, 그래. '나'라는 자아의식.

1. 오온(五蘊)

자, 색(色)은 현상세계의 모든 것. 수(受)는 감각기관이 부딪히면서 이미지를 만들어내는 단계. 세 번째는 이미지가 만들어졌기 때문에 뭐 있는 것처럼 느껴지는 단계, 상(想)이라 그러고. 네 번째는 가지가지 분별하는 행위(行). 다섯 번째는 확정된 의식(識). 그래, 이게 뭐냐? 자아의식(自我意識). 이걸 '나'라고 아는 거야. 실제 우리가 나라고 알고 있는 '나'는, 보고 듣는 걸 통해 만들어진, 인식된 이미지다. 자기의 본래 모습은 아니다, 이 얘기야. 조금 까다롭습니다. 수행을 전문으로 하는 분들은 쉽지만.

한 가지 예를 들어 쉽게 설명할께요. 여러분들은 '나'라 하든 '나'라 안 하든 관계 없이, 보고 듣는 건 작용하죠? 그렇죠? 보고 듣는 건 작용합니다. 이것은 귀에 닿으면 듣고, 눈에 닿으면 보고, 몸에 닿으면 촉감을 느끼고, 냄새 맡고, 맛보고, 가지가지 사량(思量)을 하는데, '나'란 이름을 붙일 아무 이유 없이 이것은 어느 기관에 닿든지 작동을 해 버려.

이것이 뭐냐? 눈으로 보는 거나, 귀로 듣는 놈이나, 또는 냄새 맡고 맛보는 놈이나, 촉감을 일으키는 놈이나, 가지가지 생각하여 판단하는 놈이나, 이것은 하나야. 하나가 어느 기관으로 발동하느냐에 따라서 눈으로 발동을 하면 보게 되고, 소리는 귀로 듣게 돼. 그런데 실제로 이 무엇인가? 이름 붙일 수 있으면, '그 무엇', '한 물건'이 이렇게 안·이·비·설·신·의를 통해서 왕래하면서 작용을 한다, 이 뜻이야. 이것은 인연이 되면 이렇게 작용을 하되, 그 차제가 모양을 갖고 있지 않아. 우리 마음 바탕자리는 모양이라는 걸 갖고 있지 않아.

그런데, '나'라고 만약에 이름을 딱 고정시켜 놓으면 '나'란 뭔가 뭉태기가 있게 되어 있잖아. 이래서 분리가 되는 거야. '나'라 하는 것은 보고 듣는 것을 통해 만들어진 이미지가, 있는 것처럼 보여 가지고 그걸 나라고 착각을 할 뿐이지, 나라는 걸 고정해서 하나를 붙일 때가 한 군데도 없다. 그래서 안·이·비·설·신·의를 통해서 대상세계를 접촉하면서 이미지가 만들어지면서 뭐 있는 것처럼 느껴지고 거기다가 집착을 하게 되고, 있지도 않는 상(相)에다가 집착을 하게 되고, 분별하게 되고, 확정된 의식을 가짐으로써 '나'라는 의식을 갖게 된다. '나'라는 것은 붙일 필요가 없이 인연만 되면 작용을 해.

1. 오온(五蘊)

어떻게 인연이 되느냐. 눈으로 작용할 때는 모양을 보게 되고, 귀로 작용할 때는 소리를 듣게 되고, 향기는 코로, 맛은 혓바닥으로, 촉감 느끼는 건 이 몸뚱이로, 받아들여 가지고 가지가지 판단을 일으키는 것은 그 무엇인가? 의식이 그런 거야. 이것이 작동하는 과정에서 무엇이 있는 것처럼 보이고, 있는 것처럼 보이니까 멋대로 뭐 있다고 판단해 버리고, 거기서 집착하게 되고, 그럼 가지가지 분별 망상이 일어나. 이럼으로써 의식이 거꾸로 뒤집혀.

그 뒤부터는 어떻게 되느냐? 보고 들었던 이미지의 그림이 주인이 되고, 여러분들은 전부 생각의 노예가 되어 있죠, 그죠? 그거예요. 가지가지 지가 일으킨 지 생각에 옳든 그르든 관계 없이 그것의 노예가 되어 있어. 옳다고 생각하고 집착되면 이미 벌써 나는 뭐야? 내가 그린 그림의 노예가 되게 된다. 그렇기 때문에 거꾸로 뒤집혔다, 해서 전도몽상(顚倒夢想)이다. 반야심경에 나와요. 전도 돼서 꿈꾸는 것처럼 살아가지, 제 정신으로 못 산다, 이 얘기야. 거기서 남은 건 분명히 하나 남은 게 있습니다. 끊임없는 욕망만 남아. 뒤집힌 뒤부터.

1. 오온(五蘊)

이 욕망이란 건 뭐냐? 욕망을 일으키면서 그 결과가 어떻게 된다는 것까진 몰라. 오직 욕망만 일으켜. 내가 하는 것이 어떤 결과를 불러온다는 건 절대 모른다. 무작정 무식하게 돌진하는 돼지처럼 저돌적으로 그냥 욕망뿐이야. 이것이 가져오는 결과는 좋은 결과인지 나쁜 결과를 가져온다는 것까지는, 지혜가 없기 때문에, 욕망 하나만 달리기 때문에 어떤 결과를 가져오는 지 아무도 몰라. 여기선 자기 의지대로 되는 게 하나도 없다, 이겁니다. 욕망을 따라서. 그래서 우리가 나라고 하는 이 이미지의 그림은, 보고 듣는 걸 통해서 종합 돼서 제멋대로 판단해서 만들어 놓은 그림이다, 이 얘기다.

이래서 우린 뭐냐? 오온. 중생은 뭐냐? 그렇게 하고 살아가는 거예요. 실제 지가 안·이·비·설·신·의, 이 육식을 통해서 대상세계를 접할 때 만들어진 의식, 인식된 세계, 이미지를 가지고선 '자기'라고 착각을 한다. 이거 중요한 겁니다. 부처님 법의 45년 설법의 핵심입니다, 이 얘기가.

이렇기 때문에 이것이 만들어지기 전, 의식이 만들어진 본식 자체는 생(生)이다 사(死)다, 늘고 준다, 더럽고 깨끗한 차원이 아니야. 우주의 생명의 모습이야, 이것은! '나'라고 일으킨 건, 지 멋대로 인식된 의식세계, 이걸 가지고 지가 만들어 놓은, 지 그림에 지가 속아 가지고 '나'라고 한정시킨 거지, 그건 없다, 이 얘기야! 그래서 '무아(無我)'라고 합니다.

   '나'라고 이름을 붙여 버리면 이미 벌써 가짜가 돼 버려. 여러분은 나란 생각을 일으켰다 금방 없어집니다. 그렇죠? 나란 생각, 너란 생각은 금방 없어져버려. 그렇다고 '나'란 게 없는 건 아니죠? 진짜 본래의 자기는 작용하는 '이놈'입니다. 눈에 닿으면 보고, 귀에 닿으면 들을 수 있는, 이놈은 이름이 없어. 할 수 없이 '마음'이라 이렇게 부릅니다.

   그래서 부처님은 뭐냐? 깨달으시고 지금 '나'라고 부르는 이것은 오온덩어리다. 색·수·상·행·식이 모여진 그림이다. 속아 거꾸로 뒤집혀 있다. 이렇게 되면 뭐냐? 이때부터 '중생'이라고 부른다. 근데 그것이 가짜인 줄 알아 다시 벗어나서 생(生)과 사(死)와 일체 시간과 공간개념을 다 벗어나서 걸림 없는 자유인이 되었을 때, 참다운 자기가 자기 주인이 되었을 때 '부처'라고 이름

1. 오온(五蘊)

을 붙인다. 자기가 그린 그림, 오온에 속아 거꾸로 뒤집혀 있는 놈은 중생이다.

이걸 최초로 석가모니 부처님이 깨달아서 밝혀낸 말씀입니다. 이 내용을 설명한 게 600부나 됩니다. 금강경 알지요? 금강경이 그중에 정리가 제일 잘 돼 있기 때문에 금강경을 우리가 애송을 합니다. 근데 그것이 577번째야. 반야부 600부에, 반야부. 지혜를 개발하는 경전만 600부고 기타 나머지 다 따지면 수십만 권이 됩니다. 근데 그 내용 전체의 흐름이 지금 내가 말한 이야깁니다. 반야부 600부를 다 읽기만 해도 여러분들 몇 년이 걸리는데, 이해하려면 죽을 때까지 해도 이해 못해. 내가 이것을 싹 뽑아가지고 핵심만, 골수만 쏙 빼 얘기하는 거예요.

우리가 중생이라 불려지는 이유는 오온, 보고 듣는 것을 통해 만들어지는 이미지를 가지고 자기로 거꾸로 알고 있다. 그것은 사실 가짜다. 그래서 오온을 주인으로 삼은 사람, 오온이란 것을 주인으로 삼아서, 거꾸로 자기가 그린 그림, 이미지에 거꾸로 뒤집혀서 욕망에만 취해 살아가는 인간을, 모든 사람들을 통틀어서 '중생'이라 부르고, 이것이 가짜인 걸 봐서 깨달음을 얻고, 그다음에 생과 사와 모든 것을 해탈해서 참다운 자기 주인이 되었을 때, 이름을 붙여 '부처'라고 부른다. 이것이 중생과 부처. 중생과 부처를 갈라놓는 것이 뭡니까? 오온이죠? 오온입니다. 반야심경에 첨에 나오는 것이 오온이잖아, 그죠? 오온개공도(五蘊皆空度), 오온이 가짜인 줄 알고 나서 모든 고통(一切苦厄)에서 벗어나서 생사를 해탈했다, 이거야. 그래서 부처가 되었다, 이 얘기야.

그다음에 이제, 자기 제자들하고 문답이죠. 사리불아! 사리자, 이 이름을 불러서 '공'이라 합니다, 공! 이 이름도 붙일 수 없는 이름 자체를 왜, '공'이라고 부르냐? 공하다는 이유는 딴 게 아닙니다. 있다·없다하는 상대적 개념에서 있는 게 아니고, 없다 해도, 있다 해도, 전혀 안 맞는 이유가 하나 있어. 이 물건은 오온을 다 제거하고 일체 한 생각이 일어나지 않으면 어떤 물건도 볼 수 없어. 물리적 시각으로 볼 수 없습니다. 그렇기 때문에 온 우주에 꽉 차 있어도 서로 걸림이 없어. 촛불이 수만 개가 한 방안에 켜 놔도 각자 걸리지 않죠, 빛이. 그죠? 똑같이 자기 빛을 다 내는 거예요.

1. 오온(五蘊)

이 물건은 뭐냐? 이것은 모양과 색깔이 없기 때문에 이름을 붙일 수가 없다. 그런데 있다 하니 모양이 없고, 있다고 할라니 모양이 없어서 있다고 해도 안 맞고! 그 다음에 없다고 할라니 뭐냐면, 눈에 닿으면 보고, 귀에 닿으면 듣잖아? 이거 없다 할 수도 없잖아! 그래, 이 '공'이란 말이 쓰여지는 것이, 이것 때문에 공이란 말이 쓰여져요. 꽉 찬 가운데 텅 비었다, 이런 의미입니다. 사실 공이란 말은. 이 우주 자체는 그대로 생명 덩어리이기 때문에 있다·없다 하는 차원이 아닙니다. 유·무의 차원을 넘어서서 근원적인 문제이기 때문에 이것은 일체 생명체의 움직임, 작용을 뜻하는 거예요.

그래서 우리가 공이라 하는 의미를 잘 알아야 됩니다. 꽉 찬 가운데, 텅 빈 가운데 꽉 찼다 해서 진공묘유(眞空妙有), 이래. 텅 빈 가운데서 꽉 찼다. 있다 할라니 모양이 없고, 없다 할라니 작용을 하니까, 두 개 다 안 맞아. 그러면서 서로 걸림이 없어, 허공처럼. 그래 허공에 비유하는 거야. 그래 공하다 하는 거야, 그냥. 공하다는 건 있다·없다는 뜻이 아니야. 있다·없다고 우리가 판단하는 건 뭐냐? 눈앞에 뭐 보이면 있다 하고, 안 보이면 없다 하는, 이런 차원이 아닙니다, 그게.

그래서 이 모양, 모양도 이름도 없는 것은 공해 가지고 텅 빈 가운데 꽉 찬 이 물건은 생긴 적도 없고, 없어진 적도 없어, 불생불멸(不生不滅)이라 그랬죠? 그죠? 반야심경에 있죠? 이 공(空)한 가운데 불생불멸하고, 불구부정하고, 부증불감이다. 불구부정(不垢不淨)은 뭐여? 불구부정이란 건 더럽고 깨끗한 게 없다. 부증불감(不增不減)이란 건 늘어날 수도 없고 줄지도 않는다. 이 우주만물의 원리가 이렇습니다. 불변입니다.

　근본바탕은 늘고 주는 게 없고 생기고 없어진 적이 없다. 끊임없이 하나의 생명체가 유전하면서 생명활동 과정이 전부, 각자의 눈에 다르게 비칠 뿐이지, 이 자체는 시작도 끝도 없다. 해서 무시이래로 이런 것은 끊임없이, 끊임없이 되풀이되는 하나의 생명활동일 뿐이다. 이 연기법이다, 연기법. 이 작은 시간에 다 설명은 못합니다만, 이래서 우리가 가지고 있는 마음자리를 할 수 없이, 그 깨달음의 자리는 '이 자리'입니다 즉, '보고, 듣고 하고 내가 지금 말하는 이 자리'를 말합니다. 이것은 처음부터 불생불멸하고 불구부정, 불증불감이라. 생기지도 않고 없어지지도 않고 더럽고 깨끗하지도 않고, 늘고 주는 게 없다. 이것이 시작된 바도 없고 끝난 바도 없다. 이래서 인연

1. 오온(五蘊)

만 되면 작용하고 인연이 사라지면 이것은 볼 수 없다. 이것이 우리가 가지고 있는 마음 바탕입니다.

　여러분들이 마음이라고 보는 건, 생각을 가지고 마음이라 했죠? 그죠? 그건 보고 듣는 걸 통해 만들어진 이미지의 그림이지, 본마음은 아닙니다. 여러분들이 속아, 그래. 그건 '나'가 아니야. 그러니까 여러분들은 이걸 잘 이해하면……. 잘 봐요, 반야부 600부가 45년 동안의 핵심이며 골격입니다. 그다음에 그것을 압축해 가지고 정말 잘, 자세하게 설명이 잘된 게 금강경입니다. 그래서 금강경도 한문으로 오천 자가 넘어요. 근데, 그게 너무 길어 가지고 다시 압축을 시킨 게 반야심경입니다. 반야심경 하나 내용을 다 알면 어떻게 됩니까? 부처님 경전 다 아는 것이고, 45년 설법하고자 했던 핵심을 다 꿰뚫는 거야.

　그거 많이 다 안다고 자랑이 아닙니다. 하나를 알아도 확실히 아는 것. 하나로 구슬처럼 꿰어져 있어요. 하나를 확실히 알아버리면 나머지는 그냥 관통해 버려요. 부처님 법은 일심(一心)을 바로 깨달으면 만법을 그냥 한꺼번에 볼 수 있는 법이야. 이 '일심'이 뭐냐? '모양도 색깔도 없고 인연만 되면 작용하는 이 물건'을 말해. 여러분들이 말하는 '생각'이 아닙니다. 생각은 그때그때 일어났던 파장일 뿐이야. 그래 모양을 띄고 있어. 그래서 여기서 말하는 일심이니, 마음이니 하는 것은 여러분들이 지어내는 생각 자체를 말하는 게 아니고, '인연만 되면 작용하는 그 무엇', 이걸 '우주의 생명'이라 그러고, '불성'이라 그러고, '여러분들이 가지고 있는 각자의 마음', '자성불'이라.

이것은 생긴 적도 없고 없어지지도 않았다. 천도시식(薦度施食) 하는 것이 이 내용을 알려주는 겁니다.

"영가시여, 본래 그대는 시작된 바도 없고 끝난 바도 없이 이 생명은 인연만 되면 작용을 해서, 끊임없이 나고 죽음을 되풀이 했지만 그 바탕 불성의 자리는, 한 번도 태어난 적도 없고 죽은 적도 없으며, 늘고, 줄고, 더럽고, 깨끗한 게 없습니다, 아무 걱정하지 마십시오. 한 번의 꿈꾸는 거와 똑같습니다. 본래 죽음은 없습니다."

하고 가르칩니다. 요건 뭐냐? 이게 천도입니다. '깨쳐 가지고 꿈 좀 깨십시오. 그대가 지금 알고 있는 세계는

1. 오온(五蘊)

보고 듣는 것을 통해서 만들어진 이미지의 그림입니다. 꿈 깨십시오. 깨고 나면 실제 있었던 게 하나도 없습니다.' 요거 가르쳐 주는 게 천도야. 이래서 49재를 하는 거예요.

지금부터 49일 동안 어떻게 됩니까? 벌써 1주가 지나 갔죠? 42일이 남았습니다. 이 기간을 거치면 80내지 90%는 딴 몸을 다시 받아. 자기 진 업만큼 받아 가지고 어떤 몸을 받든지 다시 태어나게 돼 있어, 그 동안에. 이것은 자기 의사로 되는 게 하나도 없고, 오로지 86년 살았던, 일생 동안에 살았던 이미지의 그림자만 남아 있어. 꿈꾸는 거하고 똑같다. 우리 인생도 똑같아요. 지금 이렇게 사는 거, 보고 듣고 이미지에 쌓여 살아가는 사람은 지금 꿈꾸는 거하고 똑같습니다, 그래서 전도몽상 했다, 하는 거예요.

그래서 이 분한테 깨우쳐 주는 거예요. "잠 깨십시오. 이것은 전부 일생 동안에 보고 들었던 이미지의 그림입니다. 알고 보면 그대의 참모습은 한 번도 움직인 적도 없고, 온 적도, 간 적도 없습니다. 바로 작용하는 이 자리에서 다시 태어난 것이요, 이 자리에서. 바로 죽음이란 것이 이 자리에서 바뀔 이미지가 없습니다." 요렇게 가르친 거예요.

자, 합장하는 내용 하나를 가지고서 이렇게 길었어요. 그죠? 주관과 객관이 없단 얘기로 시작해서 나와 가지고서는 다섯 가지 중 한 개 설명밖에 못 했어. 자, 봅시다. '합장'이라는 것은 주와 객이 본래 없으며, 주객이란 것은 내가 보고 들은 이미지의 그림이 내 대상으로 나타난 것을 객관세계라 한다. 주관은 모양과 색깔이 없다, 이 뜻이고.

자, 그다음에 절하죠? 유교식 절하는 건 뭡니까? 유교식에 절하는 것은, 내 얘기는 이 본래 녹음을 해 들어야 맞습니다. 알겠어요? 좀 똑똑한 사람은 법문 시작하면 무조건 잡담이라도 스님하고 얘기할 땐 녹음을 해. 이거 두 번 들을 수 없습니다. 책에도 이렇게 나온 데는, 이렇게 자세히 설명 안 해 줍니다, 책에서는. 아무리 팔만대장경 뒤져봐요, 이렇게 설명하는 데가 없어요. 여러분들 수준에 맞춰서 현재적으로 설명하는 거예요, 부처님 핵심을. 그러니까 이걸 갖다가 여러분들이 연구를 해서 학문적으로 이론만 닦을라 해도 삼백 년이 걸려도 안

1. 오온(五蘊)

됩니다, 이것은.

　자, 절하는 걸 이제 얘기합시다. '절'이라는 것은 뭐냐 하면, 유교식 절이 있고 불교식 절이 있어. 유교식 절은 뭔지 압니까? 인사죠? 서로 만나 하는 인사입니다. 그런데 불교식 절은 그게 아닙니다. '자기 자신을 완전히 버린다'는 의미입니다. '완전히 비운다'는 의미입니다.

1. 오온(五蘊)

그래서 부처님이 계시는 곳을 우리는 절이라 하죠? 이 절의 의미는 뭐냐? 비운다는 의미로 쓰여져요. 그럼 절이 뭐냐? 부처님, 마음 비운 분이 계신 곳, 이런 뜻이 돼. 부처님은 마음을 완전히 비우고 싶어 비운 게 아닙니다, 일체 모든 모양과 상이란 것은 내가 만든 자기 그림이란 걸 알았기 때문에 텅 비워져 버렸어. 자동적으로 그냥 맑아져 버렸어. 그래 마음을 완전히 비운 분이다, 이런 의미에서 하기 때문에 절을 하는 데는 반드시 몇 가지 갖추어져야 돼. 오체투지.

저 동남아나 인도 같은 데는 오체투지하면 온몸 전체를 내던져서 쭈욱 뻗고서 깔죠? 그렇게 절하는 거 봤죠? 그렇게 하는데, 우리는 유교문화가 믹서가 되어 있단 말이야. 그렇기 때문에 그렇게 안 하고, 머리, 양 팔꿈치 하고 양 무릎이 닿으면, 다섯 군데가 닿기 때문에 오체투지(五體投地)라, 그래. 유교문화가 믹서가 되어서 그렇습니다. 원래 오체투지는 온몸 전체를 던져 까는 거예요. 근데 우린 그렇게 안 하고 이마하고 팔꿈치 양쪽 하고 그다음에 무릎 두 개 하고 이래서 다섯 군데, 오체투지라 한다.

여기서 제일 중요한 건 뭐냐. 오체투지 아무리 잘 해도 머리가 땅에 안 닿으면 절이 아니다. 우리 몸 중에 가장 소중한 건 머리죠? 머리를 전부 땅에 닿는다는 의미는 나 전체를 내던진다는 의미입니다. 그래야 비워지지. 그래야 참 나를 볼 수 있지, 비워져야! 그러니까 강제로라도 머리를 완전히 숙여 땅에 닿게 천천히 절해 봐요. 아주 편안합니다. 잘나고 못났고 다 사라져 버려! 그래서 머리를 땅에 닿고 오체투지의 절을 하는 것은, 내 전체를 내던진다는 의미야. 그래야 주와 객이 없는 도리를 알아.

　그다음 세 번째 가면, 이런 게 있어. '향'을 올린다. 향은 향기 하나로써 더럽고 탁한 거, 좋은 거, 다 중화시켜 버리고 전부 다 편안하게 만드는 성질을 가지고 있어. 이게 뭐냐? '좋고 나쁘고, 밉고 곱다 하는 것, 다 용서하고 하나로써 포용하고 자비로써 어루만진다'는 의미, 즉 '화합하고 하나 됩시다' 이런 의미다, 향이라는 게. 용서와 자비, 화합이야.

　'다기물' 있죠? 저 물 올린 건 뭐냐? 이 물의 성질은 모든 것을 씻어서 깨끗하게 만드는 성질을 가지고 있죠,

1. 오온(五蘊)

그죠? 그럼 우리 마음은 어떻게 됩니까? 우리 마음은 비워야만 깨끗해지잖아. 그 비운다는 것은 씻어낸다는 의미로써 상징적으로 다기물을 올리는 거야. '탁하고 나쁘고, 가지가지 시기, 질투, 미움이 일어날 때 좋은 마음을 대체하면서, 좋은 마음까지도 다 비워 버렸을 때, 우리 마음은 깨끗해진다.' 끊임없이 씻고 닦아낸다는 의미야. 나쁜 생각이 일어나면 좋은 생각을 대체하고, 좋은 생각도 다 사라지면, 좋고 나쁜 게 다 사라져 가지고, 내 마음은 항상 청정하다. 이래서 깨끗이 씻어진 것이다, 그래. 물이 만물을 씻어 깨끗이 하듯이, 비운다는 의미를 갖다가 다기물로 형상화시켰다.

촛불을 올리고 있습니다, 촛불! 촛불은 뭐냐? 불을 켰죠? 광명! 이 광명은 뭐냐 하면, 어둠과의 반대를 뜻해요. 우리 마음의 빛은 뭐냐면, 광명이란 건 지혜를 의미하고, 캄캄하다는 것은 뭔 뜻이냐? 어리석고 둔해서 한 치 앞도 못 보는 거예요. 캄캄한 그믐밤 같다, 그래. 그래서 깨닫지 못한 중생을, 어리석은 걸 뭐라 하냐면, "칠통 같다" 그래. 이 칠이란 건 뭐냐? '옻 칠(漆)'자야. 옻이 시커멓잖아. 옻이 까매요, 그죠? 옻은 새까맣기 때문에 그믐밤처럼 새카맣다. 캄캄해 하나도 안 보인다.

- 34 -

어리석음에 뒤집혀 가지
고선 동쪽인지 서쪽인지,
위고 아래고 모른다. 옳
고 그른 것도 모른다.

이렇기 때문에 지혜가
없는 중생들은 어디로 튈
지 몰라. 지혜가 없는 중
생은 내가 가는 곳이 언
덕인지 가시밭인지 모르
고, 내가 가는 한 발자국
앞이 낭떠러지인지 평지
인지 몰라. 언제 어떻게
떨어져 죽을지 몰라. 언
제 어느 지옥으로 갈 지
몰라. 이렇기 때문에 지혜롭지 못한 자는 마치 조각배를
타고 선장이 없고 키도, 노도 없는 것이, 바다에 떠 있
는 조각배하고 똑같애. 보장된 게 하나도 없다는 얘깁니
다. 지혜가 없다는 것은.

'지혜'가 있어야만 어느 방향으로 가야 육지로 갈 수

1. 오온(五蘊)

있고, 어느 방향으로 가야, 내가 가고자 하는 목적이 정해지고 내 의사대로 진행을 하는데, 지혜가 없는 건, 노와 돛대가 다 없고, 일엽편주(一葉片舟)가 망망대해(茫茫大海)에서 풍랑에 휩쓸린 조각배와 똑같다. 이 어리석음, 캄캄함, 그믐밤, 옻, 칠통, 요렇게 비유하는데, 이 광명은 즉 불을 밝힘으로써, 마음에 지혜를 개발하는 이 내용 자체는 뭐냐? 여지껏 지금까지 합장하고, 절하고, 향 피우고, 다기물 올리고 하는, 이 전체가 마음을 밝히는 걸로 다 귀결이 돼 있거든.

이 '본래 부처'이기 때문에, 밝히면 그대로 부처님하고 똑같다. 영구히 생(生)과 사(死)가 없는, 더럽고 탁한 게 없는, '나'야. 영원한 자기 주인으로서 전도되지 않고 항상 우주에 자유롭게 노닌다. 이것은 지혜가 없으면 안된다. 그렇기 때문에 '어리석음에 물들지 않고 항상 지혜롭게 살겠습니다, 지혜가 어리석음을 항상 물리쳐서 똑바른 자기, 참다운 자기를 찾고자 하는 주인이 돼 살아가겠습니다', 이런 의미로서 지혜광명을 뜻한다.

자, 이렇게 하다 보니까 시간이 이제 다 되어버렸습니다. 1·3·5·7재 중에 4번 법문을 하는데, 이건 내가 뭘 하는 게 아니고, 생색이 아니고, 보통 49재 지내도 법문이 없습니다. 이건 직무유기(職務遺棄)죠, 그죠? 아무것도 모르는 중생들한테 부처님법이 뭔지 알려주지도 않고, 무조건 제사만 지내 보내는 거, 이건 직무유기야. 이건 부처님 법이 아니니까, 여러분들이 정말로 옳게 천도를 하실라면 부처님 법을, 법문을 많이 듣고, 내가 이 49재 천도하는 의의를 잘 알고, 정말로 그래야 정성스러운 내 성의(誠意)가 우러나는 거야. 꼭 해야 될 의미. 이것도 아는 만큼 보이고, 아는 만큼 믿어지는 거예요. 성의는, 아무것도 모르는데 무슨 성의가 나와요? 그래. 알지 못하는데 무슨 신심(信心)이 나오겠나? 그러니까 알아야 된다, 이겁니다. 이거 부처님 법은 알고 가는 종교야. 무조건 믿으면 구원 받는다는 종교가 아닙니다.

자기 자신이 '본래 부처'기 때문에, 알고서 자기가 자기 부처라는 걸 되찾아 가지고, 자기가 이 우주의 주인이 되라, 이런 말이야. 그렇기 때문에 깨달음의 종교지, 믿음의 종교가 아니야. 그래, 부처님이 열반하실 때 뭐라 했냐? '자귀의 자등명(自歸依 自燈明)' '스스로에게 의지하고 스스로를 등불 삼아라.' 스스로에게 의지하고 스스로를 등불 삼아라는 게 뭐냐? 자기 자신을 우주의, 천

1. 오온(五蘊)

상천하에 가장 존귀한 존재고, 이건 어느 누구에게 지배 받는 것도 아니고, 어느 누구도 뺏어갈 수 없고, 이것은 누가 죽일 수도 없고, 살릴 수도 있는 부분이 아니다. 자기 자신은 절대적 존재이기 때문에 우주의 근본이자 하나 된 세계이기 때문에, 누가 뺏어가고, 줄 수 있는 것이고, 훼손되는 게 아니다. 오직 스스로가 깨달으면, 스스로가 우주의 가장 존귀한 존재가 되니까, 이 '참다운 자기를 되찾아 가지고 자기의 참다운 주인이 되라', 요 얘기가 부처님 전체 45년 동안 설하신 법문의 핵심입니다. 지금 내가 다음, 다음 주 3, 5, 7(재)법문을 해 주는데, 이어서 내가 '불교가 무엇인가' 하는 것을 전체적으로, 구체적으로 알려드릴 테니까, 오늘 법문 이것으로 마치도록 하겠습니다.

2. 사성제(四聖諦)
: 고(苦) · 집(集) · 멸(滅) · 도(道)

2. 사성제(四聖諦)

오늘은 부처님 법을 왜 믿어야 되느냐 하는 이유가 이 사성제(四聖諦)라는 법문을 들으면 나옵니다. 이 사성제는 뭐냐? 한문으로는 고집멸도(苦集滅道), 고집멸도! 그 '고(苦)'라 하는 것은 말이야, 현실, 과거에 지나간 모든 것의 결과는 현실이니까, 지금 현실 자체란 '고'다, 이렇게 부처님이 단정을 하셨습니다.

여러분들 뜻대로 되는 게 그렇게 100% 없죠? 일체 모든 삶 자체가 결국 스트레스로 일관되게 되어 있거든. 이와 같이 이것은 누가 준 것도 아니고, 누가 강제로 시킨 것도 아니고, 스스로 자기가 지어서, 결론적으로 결국 스트레스만 쌓이게 되는 것이 계속 이어진단 말이야. 오늘도 내일도 계속 그런데, 현실 자체가 '고'다. 그래도 죽을 만큼 힘들다는 건 아닙니다. 어차피 내가 뜻대로 안된다, 하는 걸 합해서. 뜻대로 안되면 우리는 스트레스를 받게 됩니다. 스트레스를 받게 되면 그것이 뭐냐?

괴로움이잖아? 괴롭잖아! 그게 괴로움입니다. 그러니까 이것이 그대로 '고(苦)'라, '고'로써 명명된 거야. 현실은 '고'다.

두 번째 '집(集)', '모을 집(集)'자입니다. '모을 집'자라는 의미는 뭐냐? '집회한다' 해서 사람을 모을 때 쓰는 '집'자입니다, '모을 집'자. 이 '집'이 우리 첫 번째 초재에 알려준 '오온개공도(五蘊皆空度)'란 얘길 설명했지요? 이와 같이 보고, 듣고 가지가지 욕망을 통해서 끊임없이 욕망을 일으키니까. 욕망을 왜 일으키나? 그 '고(苦)'라 하는 자체가 본래, 원인이 없는 결과는 오는 적이 없다는 의미에서, 그 원인이 됩니다, 집(集)은. 그러면 현실에 그렇게 되기까지는 반드시 지금이 '고'일 수밖에 없는 '원인'이 있다. 그래서 그 원인이 되는 것이 과연 무엇이냐?

그래 대표적인 것이 오온(五蘊)이야. 보고 듣는 것을 통해서 가지가지 인식된 세계가 실제 있는 걸로 착각을 하고, 그 가운데서 우리가 내면의 세계가 전도되어 버리기 때문에 흐려진 겁니다. 제 정신 못 차리고 흐려진 상태가 됩니다. 그 상태에서 남는 거는 무작정 달리는 욕

2. 사성제(四聖諦)

망, 끊임없이 구하고 밖을 향해서 무엇을 충족하고자 하는 걸, 밖으로 향해 구해 찾으려 하는 거예요. 끊임없이 구하기 때문에, 구하는 게 이루어지지 않으니까 그다음엔 그게 또 스트레스가 되고, 또 구하는 것이 어떻게 '고'가 되느냐?

보통 반드시 심은 대로 받는다고, 콩을 심으면 콩이 올라오고 팥을 심으면 팥을 거두는데, 이 자체의 이치를 모르기 때문에, 무작정 달리는 욕망만 앞서 있기 때문에, 이 일이 과연 내 복을 가져올 것이냐, 화를 가져올 것이냐 까지는 생각을 못합니다. 그래서 이 어리석음을 '우치(愚癡)'라 그래. '어리석을 치(癡)'자 즉, '무명(無明)'이라 그래요. 무명이라 하는 것도 어리석다, 이겁니다. 이 때문에, 내가 콩을 심었기 때문에 콩이 올라오는 원인을 모르게 되고, 팥을 심었기 때문에 팥이 올라오는 원인을 모른단 얘기야, 우리 인생 전체가, 비유하면.

그렇기 때문에 그것은 무조건 밖을 향해서 욕망만 앞서 달리다 보니까 결과가 어떤 것을 가져온다는 것도 모르고, 그 뒤 끊임없이 밖을 향해서 달리고 찾다 보니깐 본래 자기가 가지고 있는 것이 완전무결한 걸, 완전히 가려져서 모르고 밖을 향해서 끊임없이, 끊임없이 충족하려는 욕망을 성취하고자 달리니까, 결국 오는 것이 뭐냐? 내가 뜻하는 바대로 되는 것이 거의 없더라.

그럼 그것이 뭐냐? 오온을 주인으로 삼았기 때문에 그렇게 된 거야. 오온을 주인으로 삼지 않고 본래의 마음을 회복을 해 버리면, 그 자체가 완전무결하게 갖추고 있기 때문에 밖으로 구할 게 하나도 없다. 이걸 몰라서 거꾸로, 밖에서 어떤 자기의 모든 것을 구하고 해결하려고 했기 때문에 문제가 이렇게 일어나는 거라. 그 원인은 뭐냐 하면 오온을 자기 주인으로 삼았기 때문이다.

오온은 내가 보고 듣는 걸 통해서 만들어진 인식된 세계라. 사실적으론 자기 생각, 주관세계일 뿐이지, 이것이 어떤 결과를 가져오는 거는 전혀 알 수가 없다. 이래서 결국 우리는 오온에 의해 가지고서는 내가, 주·객이 두 개로 갈라져 버리고, 오온에 의해 가지고서 뭐냐? 내가 그린 그림에 내가 노예가 됨으로써 그 가운데 내가 그린 그림의 노예가 된 뒤부터는, 판단력과 모든 것이, 다른 판단은 다 흐트러져 버리고 결론적으로 중생들은 뭐냐? 그 가운데 남은, 끊임없이 달리는 욕망밖에 안 남

2. 사성제(四聖諦)

아서, 마치 목마른 사람이 물을 구하듯이 간절히 원하기만 하는 거야. 이래서 결론적으로는 '고'라는 것이 시작된다.

고·집이란 건 뭐냐? 현실은 '고'인데 그렇게 된 원인을 말하는 것이 '집(集)'이다. '모을 집(集)'자. 근데 먼저 첫 번째 제사에 우리가 들은 '오온'이라는 것이 대표적이다. 오온 때문에 결론적으론 그렇게 밖으로 향하게 되게 돼 있다.

그럼 '멸(滅)', 멸도 또한 괴로움이다. 이 '멸'이란 말 자체가 무엇이냐? 모든 번뇌 망상은 스트레스가 되는, 근본 되는 것이 다, 뿌리까지 다 사라져 가지고, 가장 본질적이고 안온하고, 더 이상 구하고 찾을 것 없이, 더하고 뺄 것 없는 완전무결한 내면의 세계에 우리가 도달했을 때, 그럴 때 상태가 가장 이상적인 세계고 가장 편안한 세계라. 그래서 욕망의 불이 완전히 꺼지고 뿌리까지 빠졌다, 멸했다, 이런 의미에서 불이 꺼졌다. 번뇌 망상과 스트레스의 불이 완전히 불씨까지 사라졌다. 이런 상황을 말하는 걸 뭐냐? '멸'이라 그래. '멸할 멸(滅)'자.

그럼 우리 욕망과 스트레스, 번뇌를 뭐라나 하면, 불꽃으로 표현하는 거야. 우리 뜻대로 안되면 화난다, 하지요? 열나지요? 그래서 불꽃으로 표현하는 거야. 그래, 이 '멸'자가 또 뭐냐? 이것도 또 결과입니다. 무엇의 결과냐? 수행을 통한 결과다. 그렇기 때문에 수행을 통한 결과, 그다음에 원인을 제시한 거야. 원인이 뭐냐? 수행을 통해서 번뇌 망상의 뿌리가 완전히 뽑혔기 때문에 우리가 가장 이상적인 안온한, 더 이상 구하고 더하고 뺄 게 없는 세계에 도달한 그 결과, 이것이 '멸'이다.

2. 사성제(四聖諦)

그럼 이게 연결돼 있죠? 그죠? 연결돼 있습니다, 연결돼 있는 게 뭐냐? 이 현실에 '고'가 된, 이 '고'라는 것을 직시하고, 그다음에 이 '고'가 왜 일어나는지 원인을 파악을 하고, 그다음에 원인이 파악이 되었기 때문에 수행을 통해서 그것을 제거함으로써, 이상적인, 더 이상 더하고 뺄 게 없는 확실한, 이상적인 열반의 세계에 도달된 상태, 이것을 '멸'이라 한다.

고(苦), 현실 세계의 결과, 현재. 집(集)은 그 원인, 원인을 알았기 때문에 노력을 해야죠. 그것의 뿌리를 뽑아서 자기의 본상태로 잘못된 것을 되돌려서 바르게 잡아야 되니까, 바르게 잡아야 될 그 행위를 우리는 '수행'이라 그래. 수행을 통해서 이상적인, 우리가 원하던 세계로 진입이 된다. 즉, 모든 번뇌 망상에서 빠졌나왔다. 그러니까 진리의 세계나 이 세계는 동떨어진 게 아니다. 지금 우리 여기서, 고를 느끼는 원인이 없어지면, 그 자리가 바로, 열반의 세계로 그냥 화(化)하는 거야.

흙탕물이 가득 있다가 흙이 가라앉음으로써 그 물이 그냥 그대로 맑은 물이 되는 것과 똑같이 되는 거지. 열반과 진리의 부처님 세계가 따로 있는 게 아닙니다. 지금 여기 있는 우리 번뇌 망상이 사라져, 스트레스에 차 있는 우리 번뇌 망상의 세계, 힘든 세계, 이것이 그 원인이 있기 때문에 그 원인을 제거해 버리면 뭐냐? 바로, 이상적인 세계는 이 자리에서 바로 나타나는 걸 말해요. 가장 현실적인 일입니다. 이것이 고집멸도.

즉 사성제를 배우면, 왜 불교를 믿어야 하는지 이유가 나옵니다. 다 괴로움을 좋아하는 사람 없습니다. 괴로움이라는 것을 좋아하는 사람 없어요. 다 즐겁고 편안하고 싶습니다. 근데 그게 안되잖아요. 그러니까 영구적으로 정말로 안정되고 편안한, 우리 이러한 경지를 얻자면 반드시 이 과정이 필요 있다. 그런데 여기서 중요한 게 있죠? 모든 것은 반드시 원인이 있다. 이 번뇌 망상과 내가 지금 스트레스를 받게 된 원인을 말하는 거야. 그 원인, 원인을 추적해서 원인을 제거함으로써 그것이 해결된다, 이 얘깁니다.

현실 생활이나 진리의 세계나 원리는 똑같습니다. 그래서 이것을 모아서 뭐냐? 팥을 심어야 팥이 올라오고, 콩을 심어야 콩이 올라와. 내가 현재 편안하고 번뇌 망상이 없이, 이상적인 세계를 건설하려면 그와 같은 합당

2. 사성제(四聖諦)

한 원인을 취해야만 그렇게 된다, 이 얘깁니다, 합당한 원인. 그래 여기서 합당한 원인이 크게 두 가지가 있습니다, 어떤 것이 합당하냐? 복을 짓고 싶으면 보시공덕을, 또는 오래 살고 싶고, 병이 없이 건강할라면 많은 죽어가는 생명을 살려주고 보호해 주고, 지혜롭고 현명한 사람이 되려면, 술을 마시지 말고, 항상 바른 정신으로 살고, 많은 사람한테 신용을 얻고, 많은 사람으로부터 '저 사람은 그대로가 법이야' 이렇게 소릴 듣고, 그래야만 그것이 자기 영원한, 자기 일생 동안의 재산입니다.

신용이 제일 큰 재산입니다. 이렇게 하려면 말을 조심해라. 함부로 망령되이 말하지 말고, 거짓말 하지 말고, 이간질하고 사기 치지 말라, 이 얘깁니다. 항상 이치에 바른 말, 바른 행을 했을 때, 이것은 남한테 신용, 무조건 부처님과 신처럼 믿을 수밖에. 이게 제일 큰 재산이라. 아주 상식적인 얘긴데 우리가 너무 간과했다, 이 얘깁니다. 그래서 살생(殺生), 도둑질, 음행(淫行), 망어(妄語), 불음주(不飮酒), 가정이 행복하고, 아들·딸과 또는 남편이나 마누라가 자기를 믿고 따라주고 헌신하게 할 수 있는 건, 딴 게 아닙니다. 내가 행위가 똑발라야 된다. 반드시 가족과의, 친한 사람들과의 약속은 꼭 지키되, 아버지는 아버지의 도리를 지켜야 되고, 어머니는 어머니의 도리를 지켜야만 가정이 화목하게 되고, 나를 믿어주고 따라 줌으로써, 든든한 버팀목이 될 수 있고, 서로 상부상조하게 된다. 이것이 뭐냐? 몸을 함부로 해 가지고선 이성에 끌려 가지고선, 배우자 이외에 많은 사람들을 탐하고, 질서가 무너지고, 음행을 일삼아 버리면, 다음다음 생에래도 항상 서로가 서로를 믿지 못하는 사람을 만나게 되고, 서로 외도를 하게 됨으로써, 끊임없는 불행의 원초 씨앗이 된다. 그래서 음행을 하지 마라, 그래. 출가 수행자한테는 이성을 생각지 말고, 출가하지 않는 재가불자한테는 어떻게 전했냐? 배우자 외에 외도 하지 마라, 이렇게 하면 딱 맞습니다.

살생은 내가 단명하게 되고, 병치레를 하게 되는 원인이 된다. 그다음에 도둑질은 뭐가 되는가? 다음 생에 끊임없이 남의 종이 되고, 남한테 부림을 받는 종업원의 신세를 못 벗어나고, 남한테 천대를 받게 되고, 항상 아무리 노력을 해도, 재물은 모이지 않아. 도둑질한 과보입니다.

2. 사성제(四聖諦)

그다음 구업, 구업 중에 4가지 있습니다. 망어(妄語), 기어(綺語), 양설(兩舌), 악구(惡口), 이 네 가지가 있어요. 망어란 깊이 생각하지 않고 생각나는 대로 떠들어서 실수가 많고 일관성이 없는 것을 말하고, 기어란 거짓말 하는 것을 말하며, 양설은 한 입으로 두 말하며 거짓말 하는 것이며, 악구란 악담하는 것을 말해요. 이것이 모든 일의 신용을 떨어뜨리고, 모든 사람들로부터 인심을 잃게 되고, 모든 사람으로부터 믿지 못하게 한다.

그리고 계속 술에 이렇게 빠져서 살게 되면, 마음이 흐려져 가지고, 다음 생에는 축생의 몸을 받는다. 사람 몸, 못 받아. 사람이 계속 술에 빠지고, 정신이 흐려져 가지고 행동을 하게 되고, 짐승보다 못하게 돼. 그러면 그대로 짐승 몸을 받게 됩니다. 어쩌다가 사람으로 태어나도 술만 계속 마시게 되고, 계속 자기 정신 못 차리고선 사람 구실 못하게 되는 거는, 짐승으로 있다가 겨우 사람 몸 받고 태어났지만 그 습관이 그냥 남아 가지고선 나오는 거야. 그럼, 짐승으로 있다 태어난 것이나, 지금도 짐승 같은 행동을 함으로 짐승 몸을 받으나, 그놈이 그놈, 똑같이 돼 버려. 그러면 그것이 전부 연결이 되어 있습니다. 술을 많이 마시면 짐승과 다를 바가 없다. 지혜롭지 못하면 짐승과 같고, 지혜롭지 못한 것은 술을 많이 마신 과보다. 그래서 다섯 가지 오계를 준 거야. 이것이 전부 원인이 돼 가지고 현재의 나의 현실을 만들어 준 겁니다. 이런 것이 모여 가지고.

이 '집(集)'이라 하는 것은 다양합니다. 그 근본 원인을 탁 보면 끊임없이 달리는 '욕망' 때문에 그렇게 된 것이다. 욕망은 좋은 일과⋯⋯, 즉 이기주의적인 마음과 공심(公心) 두 가지입니다. 다 뭘 하고자 하는 건 욕망에 속해요. 근데 그것은 공심으로 살게 되면, 많은 사람으로부터 신용을 얻고, 많은 사람으로부터 도움을 받고, 떠받드는 리더와 지도자가 될 수 있는 과보, 씨는 됩니다. 반대로 이기적인 생각으로써 나만 잘 되면 그만이고, 남은 죽어도 모른다면 뭐냐? 끊임없이 남한테 따돌리고, 남한테 도움 받지 못하고, 자기가 설 땅이 없이 만들어져. 이기주의인 거야. 악업이라, 그래. 두 가지. 그래요, 이기적인 마음은 내가 왕따가 되고 내가 설 땅이 없어서 아무것도 할 수 없게 되고, 공심은 많은 사람으로부터 인심을 얻고, 일을 얻을 수 있는, 나름대로 자기 위치에서 넉넉하고 편하게 살아갈 수 있는 씨는 되지만, 그 두 가지 다 뭐냐? 씨입니다. 악업을 지으나 선

2. 사성제(四聖諦)

업을 지으나 두 가지 차이인데, 이 두 가지를 가지면 윤회로를 벗어나지 못한다. 더불어 살아가는데 영향은 주지만 윤회는 벗어나지 못한다.

그런데, 여기서 윤회를 벗어나는 법은 뭐냐? 착한 일을 가지고는 벗어나지 못한다. 이 마음이 본래부터 완전무결(完全無缺)해서 더하고 뺄 게 없는 마음의 바탕을 바로 봐 버리면 이 가운데서, 여기서는 생도 사도 없는 절대의 경지를 바로 가지고 있으면서도 못 보기 때문에, 그걸 바로 봐 버리면, 뭐냐? 그러면 생과 사는 사라져 버린다, 이 도리를 깨달았다 하면. 그래서 복 좀 짓는 일 가지고 깨닫는 거와 직결된다고 생각하지 마라. 이건 아니다. 내가 좋은 일 한다 해서 성불한다, 택도 없는 소리다. 각도가 틀립니다. 근데 우리는 그렇죠? 복 짓고 좋은 일 많이 하면 천당·극락 가고, 그다음에 성불한다 하지만, 아주 무책임한 얘기야. 어디까지나 좋은 일은 좋은 과보로써 나한테 돌아오는 복이 될 뿐이지, 이 해탈하는 공부는 아니다. 이것을 분명히 아셔야 됩니다.

그러면 어떤 것이 제대로 다루는 것이냐? 먼저 본인의 본래 성품이 생과 사가 없다는 도리를 깨달아야 돼, 먼저.

그다음에 이 마음은 짓는 대로 자기 결과를 가져오기 때문에 선업을 지어라. 먼저 생사 해탈하는 공부를 해서 도를 깨달아야 돼. 그다음에 선업을 지어라. 더불어 사는 법, 자리이타(自利利他) 이타자리(利他自利), 나도 좋고 남도 좋고, 남도 좋고 나도 좋아야 된다. 그것이 행복이다.

어떤 사람은 재물복이 많되 인덕이 없고, 인덕은 있지만 재물복이 없다. 이런 사람이 있습니다. 요고는 잘 봐요! 왜 재물복은 있는데, 인덕이 없느냐? 내 혼자 열심히 복은 짓는데, 다른 사람과 더불어 관계가 별로 원활하지 못했거나, 남을 시켜서, 나만 좋은 일을 하면서, 남을 시켜 권해서 복을 짓게 하지 않았기 때문에 자기 혼자 재물복은 받을지언정, 주위에 따르는 사람이 없어. 여기가 중요한 겁니다. 반대로 인복은 있는데 재물복이 없는 사람이 있어. 남을 시켜 가지고 많은 좋은 일을 시켜. 좋은 일을 시키고 인간관계를 잘 유지한 반면, 그 대신 자기는 실질적으로 남한테 복된 일을 안 하면서, 남을 많이 시켜서 권유한 덕이라. 그러면 그 사람들과 더불어, 인덕은 쌓여 가지고 사람들은 많이 따르는 주지만, 실제 내가 스스로 지은 복은 없어 가지고 나한테 재물은 없다. 재물복과 인복은 틀리다. 이것이 중요합니다.

2. 사성제(四聖諦)

첫째, 생과 사가 없는 본래의 나의 마음자리를 깨달아야 되고, 두 번째, 선업을 지어라. 선업은 어떤 것이 선업이고 어떤 것이 악업인가? 선업은 더불어서 잘 사는 공심(公心), 니도 잘 살고 나도 잘 살아야 되는 일, 공심을 말하고, 악업은 뭐냐? 남이야 죽든 말든 관계 없다, 나만 잘 살면 그만이다, 하는 이기적인 생각을 악업이라 합니다.

왜 그게 악업이 됩니까? 한번 생각해 보세요. 난 내 생각만 하고 남이 죽든 말든 알거 없다 해 버리면, 내가 하는 일 자체는 나만 위했기 때문에, 남한테 해가 되는지 아닌지 그것도 생각 안 해버려. 나만 생각하고 이기적인 생각으로 살다보면 주위 사람이 직·간접적인 피해가 엄청나게 되는 거야. 이기주의란 게, 무서운 게 이것입니다. 이기주의라는 게, 이렇게 무서운 거야. 그러니까 어떠냐? 직·간접적으로 피해를 받은 사람은 그 사람 좋게 보겠어요? 그 사람 도와주겠어요? 결국 그 사람 하는 일은 직·간접적으로 방해밖에 할 수 없고, 장기적으로 손해를 봅니다. 그러니 이런 걸 떠나서 돌아오는 거는, 자기가 설 땅이 없게 되고, 결론적으로는 재물이고 뭐고 조금 벌었더라도 사람과 더불어서 다 인간관계가 끊어지고, 재물이 그땐 필요 없는 거예요. 재물이, 쓸 때가 필요 없을뿐더러, 있어도 쓸 데도 없어. 그리고 사람과 사람관계가 다 끊어졌을 때, 그 지옥이 되요. 더불어 화기애애 해야만 즐겁다·괴롭다가 있는 것이지, 남이 날 인정 안 해 주고 다 끊어져 버리고, 내 집 문 앞에 사람 그림자도 안 비친다면 그만큼 힘든 일이 있겠어요?

반대로 공심으로 살 땐 뭡니까? 조금 물질적으로 손해를 보더래도 남과 더불어 사는 법을 택하라. 그러면 그 물질 총(분량)만큼 물질적으로 손해를 봤더래도 그것이 전부 덕이 쌓여가지고 주위 사람들이 어떻겠습니까? 신용이 쌓이는 거예요. 신용이 쌓임으로써 '저 사람은 그대로 법이다', '저 사람은 그냥 법이기 때문에 저 사람은 무조건 믿어도 된다', 이렇게 신용이 쌓였기 때문에 내가 무슨 큰일을 하고 살 때도 이 사람들은 나를 도와주게 돼 있고, 내가 어려움에 처하게 되었더라도 보호하게 되어 있습니다, 이럼으로써 공심으로 사는 것, 좀 더 적극적으로 내가 많이 손해를 보고, 많은 사람과 더불어 희생을 할 수 있는 마음을 '보살심'이라 그래. 그냥 공심은 약간 수동적이지만, 보살행이란 것은 능동

2. 사성제(四聖諦)

적입니다. 좀 더 적극적인 뜻입니다.

　이러함으로써, 나한테 돌아오는 건 내가 어떻게 살았느냐 하는 결과로서 오늘날 주위 여건과 모든 것이 지금 생겨져 있다. 그러니 전생업과 미래에 다가올 업, 이걸 우리가 분간해야 된다. 어떤 사람은 그래. 쉽게 말하면 '업대로 사는 거야. 아무리 애써도 안 돼. 업대로 사는 거야' 이렇게 말하면 사주팔자나 운명론밖에 안돼. 그렇게 말하면 할 필요가 없어. 그러니 제일 무책임한게 이거예요. 운명론. 그래서 전생에 지은 업은 어디까지고, 우리가 지금 다시 미래 생을 농사를 짓는, 즉 미래의 업은 어디서부터 어디까지인가? 이거 잘 구분하셔야 됩니다.

　현재, 이 자리에 앉은 이 순간의 이 자리, 그다음에 내 가정과 아들·딸, 이웃, 여기까지는 어디냐? 여건입니다, 내 가정형편과, 어떤 가정에 태어나는가? 이웃을 어떻게 만나는가? 이것은 뭡니까? 자기들이 선택한 게 아닙니다. 태어나 보니 그런 가정에 났었고, 태어나 보니 그런 이웃이 있더라. 그렇죠? 이것은 과거에 지은 것을 그대로 받아온 것이다. 현재까지 지나간 과거의 열매다.

2. 사성제(四聖諦)

그러니 미래의 업은 어떤 것이냐? 이 순간부터 내가 어떻게 선택해서 어떤 길을 가느냐 하는 것이야. 어떤 생각으로 어떻게 살아갈 것이냐를 선택함으로써 얼마든지 앞의 미래는 변할 수 있다. 옛날에 지은 업대로 습관대로 그냥 흘러가 버리면 오늘이나 내일이나 전생이나 후생이나 그대로 똑같이, 계속 끊임없이 힘만 들어. 근데 이 순간 여기서 지혜가 열려 가지고 내가 어떻게 살면서 어떻게 행동할 것이냐? 요것이 다음에, 미래에 올 나의 미래의 모습이다.

이걸 지금 깨달음을 얻게 되면, 요 정도로 알아야 되는 게 뭐냐? 지금의 모습이 변해집니다. 내 행동과 모든 말이 변해짐으로써, 주위에 그와 같이 유유상종, 비슷한 사람끼리 형성이 되고, 그다음에 내 행동과 말이 바르고 모든 사람으로부터 칭송받을 일을 하기 때문에 어떠냐? 서서히 사람이 바뀌어. 주위 사람들이 다 나를 인정하게 돼. 그게 그대로 다음 생에 이어져. 연장선상에 있어, 그래. 제일 중요한 게 뭐냐? 지나간 과거는 이미 지나갔습니다. 되돌릴 수 없어. 인정을 하라! 지금까지 온 모든 여건과 모든 조건은 뭐냐? '인정하라'야. 이건 내가 지었으니까 내 꺼야. 적극적으로 대처하라.

그런 다음에 어떻게 할 것이냐? 바르게 선택해서 내가 어떻게 살 것이냐? 지금 선택할 수 있으니까, 제일 중요한 것이 '지금 이 순간'이다. 지금 이 순간에서 미래를 얼마든지 창조해 나갈 수 있어. 제일 중요한 것이, 항상 순간을 잘 살아가라. 순간의 선택. 지금 이 순간, 현재가 가장 중요한 것이다. 요것이 미래에 올 나의 모습이다. 한번 생각해 보세요! 얼마나 중요하냐? 그 아까운 시간을 갖다가 적당히 그냥 지나가지 말고, 지금 내 처한 환경을 보면서, 이것은 과거에 내가 지은 씨앗으로써 이렇게 열매 맺어졌기 때문에 내가 지금 어떻게 살아갈 것이냐? 선택은 지금, 각자(各自), 여러분 각자 자신입니다. 한번 생각해 보십시오.

이 순간순간이 얼마나 중요하냐? 한 생각, 바른 생각 일으키는 것이, 남을 하나라도 이롭게 하고자 하고, 더불어 살고자 하는 넓은 마음을 가질 때, 이 생각이 일어나면, 그것을 잊어버리지 말고 거듭 되뇌고 되뇌이고 해서 그 마음이 자리잡게 하나하나 실천을 해라. 그때부터 운명이 바뀌기 시작한다. 보통은 뭐 그렇습니다. 과거부터 아주 못된 무리들과 섞여서 나쁜 짓만 일삼아 와 버리면 도둑질, 아니면 거짓말, 이간질밖에 안 한다. 요걸

2. 사성제(四聖諦)

그대로 고치지 않고 계속 되풀이되니까 점점 수렁으로 빠져든다.

어떠한 선지식이 나타나 가지고
"이것은 니가 다 지은 것이 되돌아왔으니까, 지금부터라도 정신 차려서 너의 말과 행동을 바르게 하면 너의 지금 모습이 변해서, 네가 원하는 세상이 너한테 주어질 것이다."
하는 이걸 듣고, "그렇지!" 믿고 따라서 그때부터 생각을 달리해 버리면, 그때부터 그 사람은 운명이 바뀌기 시작합니다. 하루하루, 시간시간, 일초와 한 시간이 얼마나 소중하냐? 그 하나하나가 가장 중요한 것이, 내 미래의 모습이니까. 항상 현실은 지나간 과거의 결과다. 미래에 올 것은 지금부터 내가 어떤 생각으로 어떤 짓거리를 할 것이냐 하는 것이 미래를 가져온다.

그리고 선업과 악업은 어떤 것이냐? 결과를 가져오지만 생사를 해탈하는 공부는 아니다. 여기 선까지는 기복밖에 안됩니다. 기복밖에. 복 비는 거. 문제는 전부 선업을 짓든 악업을 짓든, 주인공은 자기 자신입니다. 주인공은 자기 자신이 그렇게 만든 거예요. 내가 어떤 생각을 일으켰냐 하는 것이 각자 자기가 했잖아. 그런데 여기서 그런 두 가지 다 씨를 심지 않았을 때, 씨를 심지 않은 게 아니라, 그것이 전부 다 나의 생각이란 것을 알고, '생각을 이룬 바탕자리'를 바로 볼 때, 그것은 우주의 주인이요, 나의 주인이다. 그리고 그게 참다운 부처님이다. 그러니 즉심시불(卽心是佛), 그 마음이 그대로 부처니라.

옛날 성인들이 그랬죠? 즉심시불. 즉, '마음이 바로 부처다'. 여러분들이 이 생각도 할 수 있고, 저 생각도 할 수 있습니다. 그건 자유입니다. 그렇기 때문에 선업이다, 악업이다 하는 것은 복과 화를 불러오는 하나의 도구는 될지언정, 생사를 해탈하는 건 별개의 문제다. 바로 '이것은 누구인가?' '이것은 과연 어떠한 물건인가?' '너는 어디서 왔으며 어디로 갈 것인가?' '이 과연 무엇인가?' 하고 내면을 탐구해 들어가야만 이 공부, 도를 깨칠 수 있기 때문에, 복 짓고 이런 좋은 일한다 해서 해탈하는 건 아니다. 차이는 엄청 차이가 납니다. 복 짓는 법과 생사를 해탈하는 도를 깨닫는 법은 엄연히 그것은 차이가 있다.

2. 사성제(四聖諦)

보통 우리 그러죠? 좋은 일하고 착한 일해서 극락, 천당 가면 된다. 이렇게 알고 있거든. 부처님한테 싹싹 빌고, 복 받고 액난을 면해 줄 것이다. 이걸 전부 불교로 알고 있어. 일부는 맞아요. 좋은 생각으로 착한 일하면 복이 돌아옵니다. 돌아와요. 그런데 거기서 만족하면 안 돼. 그것은 죽으면 끝나 버립니다. 자기 가장 큰 문제인 생(生)과 사(死)의 문제는 해결이 전혀 안됩니다, 그래 가지고는. 선도 악도 짓는 이 물건, 천당도 가고 지옥도 가고, 축생도 되고 천상에 나는 이 물건. 이것은 과연 무슨 물건인가를 바로 봐 버려야 돼. 그러면 뭐냐? 그다음엔 생과 사가 사라지는 깨달음의 경지에 들어간단 말이야. 지금 여러분들 바탕은 본래 생과 사가 있는 존재가 아닙니다.

왜 생과 사가 있느냐? 오온을 주인으로 삼았기 때문에. 자기의 가짜 지 이미지의 세계를, 자기로 착각을 하기 때문에. 그것은 사라져갈 하나의 그림자야. 그래서 진짜 본래의 모습은 온 적도 없고, 간 적도 없고, 없어지고 생기는 게 아니야. 불생불멸의 존재야. 반야심경 읽어봤지요? 불생불멸(不生不滅), 불구부정(不垢不淨), 부증불감(不增不減)이라. 이 본래 우리의 마음바탕, 불성의

2. 사성제(四聖諦)

자리는 공(空)하다, 이랬죠? 있다 해도 틀리고, 없다 해도 틀린다. 왜, 있다 해도 틀리고, 없다 해도 틀리냐? 요, 공하다는 의미를 잘 아셔야 됩니다.

있다 할라니 모양으로 찾을 수가 없어요. 그렇죠? 이 마음은 모양으로 그려낼 수도 없고 냄새 맡을 수도 없어. 색깔도 없어. 그렇기 때문에 있다 하면, 이것은 안 맞아. 우리가 있다·없다 하는 건 눈앞에 보이냐, 안 보이냐, 이 차이, 요걸 가지고 있다·없다 하잖아. 그래서 있다·없다 하면 전혀 안 맞는 거야. 그런데 그럼, 없다 할라니 또 어떻게 문제가 생기느냐? 없다 할라니 눈에 닿으면 볼 수 있고, 귀에 닿으면 들을 수 있고, 코에 닿으면 냄새 맡고, 입에 닿으면 맛보고, 촉감으로 느끼고, 가지가지 사량 분별하니, 이것이 없다 해도 안 맞는 거야. 있다 할라니 모양이 없고, 없다 할라니까 인연 되면 작용을 해. 그래서 공하다고 그래.

이 공하다는 의미는 뭐냐? '진공묘유(眞空妙有)'를 표현합니다. 텅 빈 가운데 꽉 찼다, 이런 의미야. 왜? 텅 비었는데 인연만 되면 작용을 하니까, 없다 하면 절대 안되지. 있다 할라니 모양이 없어. 우리가 가지고 있는 불성(佛性)의 모습이 이런 거야. 지금 당장 이, 내 얘기를 보고, 듣는 그대들 당처(當處)의 자리다. 요걸 떠나서 있는 게 아니야. 모양으로 볼라 하니 이걸 못 보는 거야. 자꾸 공부를 하는데 거꾸로 가는 게 이겁니다. 모양으로 볼 수 없는 부분이야. 지금 당장 이 말을 보고, 듣는 그 자린데, 그건 모양으로 볼 수 없어. 공부를 시켜 놓으니까 자꾸 어떤 모양을 지어서 볼라하니까, 그것이 안되는 거야.

그래서 복을 짓고 화를 짓는 법. 도를 깨달아 생사를 해탈하는 법은 확실히 틀리죠? 그렇죠? 이걸 확실히 알아야만 부처를 바로 닦을 수 있습니다. 단순한 착한 거는 우리가 행복하게 살 수 있는 조건은 되지만 생사를 벗어나지

2. 사성제(四聖諦)

못하기 때문에, 생과 사를 벗어나지 못하면 근본적 불안은 해소가 안되죠? 그래서 제일 큰일이 생사대사(生死大事)라 그래. 생과 사, 이것이 본래 있지 않고 한 생각에 의해서 뒤집혀서 일어난, 그럴 때 망상이란 것을 알았을 때, 그냥 잠깨다가 확 깨어나. 악몽 꾸다가 확 깨어난 거하고 똑같이 돼 버려. 있지도 않은 생사에 끌려서 그렇게 불안, 공포에 떨어. 가지가지 아무것도 아닌 것을. 밖으로 구해선 아무것도 얻어지는 게 없는 걸, 그냥 다 버리고 몸뚱이까지 버리고선 떠나야 되는데, 그걸 모르고선 끊임없이, 끊임없이 재물, 명예, 권세에 빠져 가지고 정신없이 살다보니 진짜 자기가 해야 될 일을 모르고 한생을 다 보냈다.

진정으로 행복한 일은, 진정하게 행복한 삶이란 이 두 가지가 갖춰져야 돼. 첫째, 생·사가 없는 도리를 깨닫고, 더불어서 행복하게 사는 법은 선업을 지으면 가장 행복한 이상적인 세계다. 사성제를 가르치고 오온을 가르친 것이 왜 입니까? 바로 이것을 말하기 위함입니다. 부처님은 이것을 가르치기 위해서 이 세상에 출현하셨어. 생과 사는 남이 주는 게 아니라, 내 자신은 본래 생사가 없는 것. 보고 듣는 인식의 세계에 빠져서 그 인식된 자기 개념을 자기로 삼아가지고, 자기가 거기서 매여가지고 종이 되어 있다.

그러니 인식이 뒤집혀 가지고 자기가, 내가 그린 내 그림에 노예가 되어 뒤집혀 있기 때문에 그것이 한꺼번에 소멸해 버려. 근데 그림 그리기 전, 본래 모습은 오고 감도 없기 때문에 이것은 생도 사도 없다. 요것이 굉장히 미묘한 차이가 있습니다, 요걸 잘 기억을 해 둬야 됩니다. 그림을 그리기 전 소식은 이것은 모양과 색깔도 없고, 오고간 적도 없고, 시간과 공간도 없다. 이것은 우주가 생기든 안 생기든, 우주가 수억 천만 번을 다시 생기고 부서져 없어진다 해도, 아무 관계 없이 이것은 항상 우주의 본래 모습으로서, 나의 본래 모습으로서 이것은 어떠한 것에도 예속된 것이 아니다.

그래서 우주로부터 우리의 것은 둘 아니다, 다르지 않다. 부처님 법을, 지금 내 한 얘기를 가지고, 집에 가서 잘 들어보고, 들어보고 해서, '아, 이게 불교였구나!' 하고 어렴풋이 압니다. 그래서 부처님 법은 알고 가는 종교야. 무조건 믿으면 구원받는 이런 게 아닙니다. 왜 그렇습니까? 자기 자신은 아무것도 아니고 피조물이기 때

2. 사성제(四聖諦)

문에, 신의 뜻에 의해서 생길 수도 있고, 없어질 수도 있다는, 이런 거꾸로 된 사고를 가진 사람한테는, 이것은 영원히 해탈이라는 것은 없어. 이걸 몰라 그렇게 되는 거야.

본래부터 이것은 우주의 주인이자 나의 주인이며, 이것은 온 적도 없고, 간 적도 없는, 우주의 본래 모습이라고, 그것을 바로 봤을 때, 본래 생사가 없기 때문에, 더하고 뺄 게 하나도 없다. 그래 이것을 알고 가야 되기 때문에 부처님 법은 항상 알고 가는 종교고, 알고 믿는 종교라 하는 거예요. 이것이 모든 종교와 차이야. 모든 종교와의 차이를 알아야 돼.

자기가 자기를 알아야 돼. 자기가 본래 부처고, 영구불변의 존재라는 걸. 영원불멸의 존재라는 것을 확실하게 알기 전에는 부처님 법을 알았다고 하지 마라. 모든 출가 수행자들은 오직, 이거 하나를 해결하기 위해서 출가해서 먹물 옷을 입고, 머리를 깎고서 일생 동안을 한번 안 난 샘 쳐 버리고 이 공부를 하는 겁니다. 오늘은 요기까지만 하고 마치겠습니다.

3. 육바라밀(六波羅蜜)

  : 보시(布施)·지계(持戒)·인욕(忍辱)
   정진(精進)·선정(禪定)·지혜(智慧)

3. 육바라밀(六波羅蜜)

   부처님 법은 자기 생각으로 어렵게 생각하면, 문이 안 열린다. 있는 그대로 받아들이면 그냥 바로 볼 수 있지만, '이건 어렵고, 무상심심미묘(無上甚深微妙)한 것이여', 하고선 그렇게 생각하게 되면 어떻게 되느냐? 뭐가지 나름대로 어렵다 하면, 스스로 뭔가 아주 신묘하고 아주 대단하고, 뭔가 따로 있는 것처럼 이렇게 생각이 되게 돼 있어. 단순하면서 있는 그대로 받아들이면 그냥 바로 볼 수 있고, '부처님 법은 심심미묘한 것이여' 하고 이렇게 어렵게 생각해 버리면, 지 마음속으로 심심미묘하다는 그림을 그려놔 버려, 이미 벌써. 그러니 그건 그렇기 때문에 바로 일러줘도 마음속에 이미, 지가 그림을 그려놓고, 뭐가 있을 것이다 하는 것이 딱 자리 잡기 때문에 어떻게 되느냐? 항상 두 쪽으로 난다. 내가 하는 말은 제대로 들리지 않게 돼 있어. 법사가 하는 말이 제대로 안 들려.

있는 그대로 비우고 들으면 바로 그 자리, 바로 볼 수 있습니다. 왜? 본래의 성품은 항상 드러나 있으니까. 숨어 있는 게 아닙니다. 말하고, 보고, 듣고, 안·이·비·설·신·의를 통해서 끊임없이, 끊임없이 드러내고 있는 거야. 드러내면서도 드러난 가운데서 말을 따라 자기가 뒤집혀 버리고 또는 자기가 상상한 생각에 전부 뒤집혀서 항상 끊임없이 작용하면서 전도된다. 뒤집힌다, 이거야. 그럼으로써 그림자에 이제 휩싸여 버리고, 자기 생각의 노예가 돼 버려. 그렇다고 그것을 또 안 끌려갈라고 해도 안되고, 끌려갈라 해도 안되고, 사실 그냥 놔두면 그것은 잠시 사라졌다가 없어지는 그림자와 같기 때문에 걱정할 건 없습니다. 자, 그거는 원론적인 얘기고.

부처님 법은, 크게 두 가지를 알아야 됩니다. 그러면 우리 세간살이에서 제대로 더불어 살아갈라면 어떻게 해야 되느냐? 편히 앉으세요. 편하게 제일 편한 자세로. 시간 구애 받지 말고. 항상 이 세상 사는 것은 자기가 주인입니다. 내 마음 따라 가지고 펼쳐지거든요. 내 생각을 어떻게 했냐에 따라서 행동이 그렇게 나오게 돼 있습니다. 행동이 나오면, 행동을 사람들과 더불어 관계 맺게 되고, 이미 사람한테 좋든 나쁘든 영향을 끼치게

3. 육바라밀(六波羅蜜)

되면, 그것은 이미 자기 혼자 마음대로 되는 게 아냐. 그건 이미 벌써 여러 사람한테 전이되었기 때문에 내 생각이 행위를 통해서 어떠한 영향을 줬기 때문에 그것은 자기, 이미 혼자 일이 아닙니다. 그렇죠? 우리가 생각은 혼자 할 수 있지만, 행동으로 옮겨 버리면, 그 뒤엔 자기 혼자 일이 아니죠? 관계된 모든 상대가 있게 되죠? 그죠?

이렇기 때문에 생각은 씨가 돼. 행동을 하게 되면 땅에 심은 게 돼. 땅에 심어 놓으면 저절로 발아(發芽) 되어서 모든 씨가 올라오죠? 올라와서 열매를 맺게 돼 있죠? 제일 중요한 건 뭐냐? 씨를 가지고 있어도, 심지 않으면 씨가 있을 뿐이지, 올라와 가지고 열매를 다시 맺을 순 없죠? 우리 생각을 가지고 있더라도 행위로 옮기지 않으면 우리 생각일 뿐이지, 실질적인 아무런 영향도 줄 수 없고, 자기의 어떤 앞길이 개선될 것도 없습니다, 사실.

그래서 생각은, 모든 일의 근본이 되고, 씨다. 모든 일을 이룰 수 있는 씨가 돼. 그다음, 행위는 이미 씨를 땅에 심은 것이다. 행위는 자기 땅에 심은 것이다. 심은 뒤에는 발아해서 올라와서 열매 맺는 건, 사람이 싫다 해서 인위적으로 되는 게 아니다. 그건 지가 올라와서 자라게 돼 있어. 왜 이런 얘기를 하는지 압니까? 이 세상에 행과 불행이란 게 여기서 벌어지거든.

3. 육바라밀(六波羅蜜)

한 생각이 만약에 일어났을 때, 어떻게 수행해야 되느냐? 수행은 첫째, 생각을 먼저 살필 줄 알아야 된다. 그죠? 생각이 이것이 이기주의적인 생각이냐? 아니면 여러 사람한테 모두를 다 같이 이익 되게 할 수 있는 공심(公心)이냐? 여기에서 이게 판단이 서야 됩니다.

지혜로운 사람은 내가 내 이기적인 생각으로써 행위를 했을 때는, 자기의 이익만을 위해서 했기 때문에, 주위 사람들한테 직·간접적으로 좋지 않은 손해를 끼치게 돼 있기 때문에, 지탄과 원망의 대상이 되잖아. 이렇게 되면, 그 원망과 지탄의 대상이 되었을 경우, 나쁜 경우, 그것은 직접적으로 나한테 오진 않는데 내가 무얼 할라고 할 때는 다 막혀. 그것에 의해 다 막힙니다. 다 막히게 돼 있거든요. 그렇기 때문에 한 콩알 하나만큼 얻고 주먹만큼 잃어먹는 게 돼 버려. 이것이 이기주의인 생각이다.

반대로, 살펴봐서 더불어 공심으로 다 같이 살 수 있는 방법을 우리가 택해 가지고 그렇게 행위를 하게 되면, 자기 물질적으론 손해이지만, 실질적으로 그것이 이자로 붙여 돌아오는 건, 수십 수백 배가 되고도 남는다.

물질적으로선 손해 보는 겁니다. 그럼으로써 나중에 내가 만약에 항상 그 마음이 공심으로 더불어 사는, 공심으로써 행동한다면, 모든 사람의 입소문을 타고 '그 사람은 무조건 그대로 법이야. 그 사람은 믿을 만해. 그 사람은 뭐든지 할 수 있고, 그 사람을 의지하면 다 돼.' 이러한 의식을 심게 되어 있어. 상대적으로 그럼으로써 입소문을 타면서, 분위기를 타면서, 퍼져 나가면서, 물결처럼 퍼져 나가면서, 자기 이미지에 새겨져 버려. 그러면 그것이 어떠냐? 내가 무슨 일을 해야 될 때는 적극적으로 도와주는, 또는 나쁜 일은 막아주는 울타리 역할을 해. 이것이 얼마나 큰일이냐.

조금씩 이기주의적인 생각으로써 조그마한 물질적 이익을 보고 나중에는, 그렇게 되면 좋지 않은 이미지에 의해서, 자기가 뭘 진짜 할라할 때는 다 막혀버린다. 이걸 한번 비교를 해 보세요. 한번 비교를 해 보시라고! 이것이 지혜로운 사람들은 이렇게 봅니다. 이 생각이 이기적인 생각이냐, 더불어 공심이냐? 요것만 판단해 보시라. 이 세상에 훌륭하다는 사람은 다 여기서, 여기서 벌어진 겁니다. '아, 그분은 만인의 지도자, 나라의 기둥감이다.' 또는 '그 사람은 공심으로 사는 사람이니까, 뭐든

3. 육바라밀(六波羅蜜)

지 믿어 맡길 수 있고, 우리는 의지할 수 있다' 이렇게 인식돼 봐요. 그 사람은 하는 거, 안되는 거 없습니다. 다 되게 되어 있습니다. 이와 같이 한 생각이 이기주의냐, 공심이냐 차이가 이렇게 난다. 그다음 한 걸음 더 나아가서, 조금 더 나아가서, 요건 공심이라 하지만 더 적극성을 띄어서, 내가 조금 손해 보더라도 모든 사람을 위해서 일을 하는 사람은, 우리 불가에서 '보살행'이라 이렇게 부릅니다. 이거 적극성을 띄죠?

3. 육바라밀(六波羅蜜)

내가 손해 보더라도 모든 사람들을 위해서는 모든 것을 기꺼이 내놓을 수 있고, 기꺼이 그걸 할 수 있다. 앞에서는 뭡니까? 나도 손해 안 보고, 남도 손해 안 보겠지만, 다 같이 이익 되는 법을 얘기했지마는, 이것은 내가 좀 손해 보면서 모든 사람을, 적극적으로, 위해서 행동했을 때, 이건 좀 더 나아갔죠? 진전된 겁니다. 이럴 땐 보살행이라 부릅니다. 불가에서 말하는 보살행은 딴게 아닙니다. 이타자리(利他自利), 자리이타(自利利他). 남도 좋고 나도 좋고, 이런 뜻이예요.

앞에서는 공심이라고 내가 그랬습니다. 다 같이 잘 사는 방법이 있었으니까. 이래서 앞에서는 약간 수동적이지만 이것은 능동적이 돼요. 공심은 적극적으로 모든 사람과 더불어 잘 살고자 공심으로 행동하는 사람, 적극적으로 하는 건 이미 보살행이 된다. 이건, 불가에서 말하는 보살행은 이런 얘깁니다.

개인적으로 들어가면 개인적인 수양 덕목에서는 인욕, 그죠? 화를 참는 법, 그다음에 물질적인 것을 탐내지 않는 법, 이 모든 것이 구체적으로 다 있지만 오늘은 그런 얘기까지는 하지 않겠습니다. 그래서 이것은 그다음에

그것이 우리가 사람과 사람 관계할 때, 어떤 일을 도모하고자 할 때, 그런 마음가짐이 바로 공심이고, 보살심이고, 부처님이 이 세상의 중생들을 행복하게 위해서 가르친 법입니다. 그다음에 생활 속에서의 지침, 즉 자기의 생활 속에서의, 이제 우리가 인과는 어떻게 하느냐? 육바라밀을 제시했습니다, 육바라밀. 여섯 가지 우리가 지켜야 될 내용이거든요.

우선, 보시바라밀, '보시(布施)'는 뭐냐? 더불어 나누는 걸 말합니다. 이 세상 것은 내 것이 아니다. 중생들이 70억이 산다면, 이 70억 다 골고루 전부 공동 재산이다. 더불어 나한테 재물이 풍요로우면, 기꺼이 필요한

3. 육바라밀(六波羅蜜)

데다가선, 꼭 필요한데, 중요한데 써주고, 더불어 나누는 걸 말해요. 그럼 이것은, 보시는 베푼다는 의미지만 더불어 나누는 겁니다. '무조건 베푼다'는 표현, 이렇게 생각하면 맞아 들어갑니다.

그래서 이 보시 바라밀, 항상 이 재물, 존재, 모든 것은 이 몸뚱이도 이미 죽으면, 나는 흙으로 사라져 버려, 가 버려. 아무것도 없습니다. 하물며 재산 같은 것이 다 끌어 모아 봐야, 자식들한테 내려가면 그걸 더 가질라고 콩가루 집안이 돼 가지고, 싸워 가지고 칼부림이 나. 결국 남는 건 뭐냐? 돈 버느라고 못할 짓 했고, 그 돈을 가지고 더 차지하기 위해서 자식들은 풍비박산(風飛雹散)이 나 가지고, 원수가 되게 만들어 놓는다. 아무것도 남는 게 없더라. 삼대 뒤에 보면 그런 것이 어떻게 되었겠냐? 전부 다 원수야. 사촌, 육촌이라도. 이렇게 해 놓지 말아야 된다.

그 유가(儒家)에 공자님도 그랬어요. 재물은 아무리 물려줘 봐야 자식이 못 지킨다. 인덕(仁德)으로써 사람이 사람답게 사는 법을 가르쳐라. 부처님도 똑같습니다. 이거는 남의 얘기가 아닙니다. 살아서 내가 나눌 수 있는 자세, 이걸 갖고 있고, 공심으로 사는 법을 가지면 살아서 행복하고, 죽은 뒤에도 자손 영원히 계계승승(繼繼承承)이 행복할 수 있는 길을 물려줄 수 있는데, 마음 한번 이기적으로 써 버리면, 당대에서도 힘들고, 뒤에서도 욕먹고, 자손들도 하나도 풀리는 게 없다. 육바라밀, 첫 번째는 나누는, 어려울 때는 서로 도와주고, 있는 만큼.

보시도 두 가지입니다. 정신적으로 힘든 사람을 위로해 줌으로써, 바른 법으로 인도하는 법, 물질적으로는 그 사람이 죽어가는 사람이나, 병원비가 없는 사람이나, 굶는 사람을 위해서 도와주는 거, 이것 전부 다 보시에 속합니다.

그다음엔 지계(持戒), 지계. 이 지계란 건, 계입니다, 계. 살생, 도둑질, 음행, 그다음에 망어, 불음주 하는 다섯 가지 오계가 있지만, 계의 큰 의미를 보면 뭐냐? '절대 하지 말아야 될 일은 하지 마라' 이겁니다. 내 개인 이익을 위해서 모든 사람에게 해를 끼치는 걸 하지 마라는 것도 계입니다. 사실, 그 얘깁니다. 하지 말아야 될 일을 했을 때는 외압이 들어와서 나중에 자기가 설 땅이 없게 되고, 끊임없이 압박을 받아 가지고 자기는

3. 육바라밀(六波羅蜜)

항상 외롭고, 슬프고, 하는 일이 다 막힌다. 하지 말아
야 될 일은 절대 하지 마라.

자, 생각해 보세요. 회사에서, 친·인척관계, 또는 가
정, 그다음에 이웃간의 관계에서 아까 처음에 말한 거와
같은 대목이야. 이기주의인 것이 전부 다 계를 파하게
되는 겁니다. 내가 하지 말아야 될 일을 했을 때, 다 막
히고, 외압이 들어오고, 항상 불안해. 이렇기 때문에 하
지 말아야 될 일은 절대 하지 마라는 것이 계의 근본
덕목이다.

4. 삼법인(三法印)
제행무상(諸行無常)
제법무아(諸法無我)
열반적정(涅槃寂靜)

4. 삼법인(三法印)

우리가 누구든지 나면 다 죽게 돼있죠? 다 나면 죽습니다. 나무도 바위도 다 없어집니다. 생겨진 건 다 없어져요. 생긴 건 무조건 없어진다. 없어지지 않으려면 생길 수 없어야 된다. 생기지 않은 건, 안 없어진다. 생겨진 건, 무조건 없어진다. 지구수명은 과학자들이 볼 때 많아야 백억 년, 그런데 요즘 물리학적으로 수정돼가지고 지구를 조사하는 사람들이 거의 60억년 정도 됐다 그래. 전에는 45억 년이라더니 15억 년이 플러스가 됐더라고 또. 그게 60억년이든, 70억년이든 그건 큰 문제 될 건 없죠? 그죠? 그러나 지구는 영원할 줄 알았지, 과학적으로 수명이 한정된다고 옛날엔 감히 생각도 못했죠?

그런데 우리 부처님 말씀에 보면, 이 지구를 갖다가 하나의 먼지 털에다 비유를 했어. 한없는 국토가 우주에는 끊임없이, 끊임없이 생멸을 거듭한다. 하물며 이 지구 덩어리 하나가 있으면 얼마나 있겠느냐? 아주 그냥 잠깐 찰나 간에 지나가는 하나의 먼지 털 정도에 비유를 했단 말이야. 감히 그때 삼천년 전 그 당시에, 상상이나 할 수 없는 일이죠? 그래서 물질적으로, 정신적으로, 이미 만들어진 것은 없어진다. 만들어진 건 없어진다 해서 이것은 뭐냐?

제행무상이다. 일체 물리적 세계는 영원한 게 하나도 없다. 제행무상이다. 그 가운데에 있는 모든 생물체, 무생물체 합해서도 다 각각 하나하나가 전부, 각자가 자아라는 실체는 가지고 있지 않다. 본래 영원히 존재하는 자기 영원한 자아의 실체라는 것은 그 가운데 하나라도 찾아볼 수가 없다.

자, 이건 무슨 얘기냐? 물리적 세계를 말하는 것이지, 물리적 세계에 안 들어가는 건 거의 없습니다. 근데 우리는, 눈에 보이고 감지할 수 있는 요것만 물리적 세계가 아니고, 내가 말하는 건 약간 좀 차원이 다르게 되어 있어요. 내 마음에 만들어진 모든 영상, 내가 있다·없다고 생각하는 모든 고정관념들은 끊임없이 변한다. 이것이 우리는 의식세계라 그러지.

4. 삼법인(三法印)

먼저 안·의·비·설·신·의를 통해서, 감각기관을 통해서 대상과 접촉하면서 얻어지는, 그 얻어지면서 자기 인식되는 과정에서 만들어진, 개념이 생긴 거였어. 그 개념이 우리 마음에 그대로 거대한 그림으로 그냥 형성돼 있거든. 이것이 뭐냐 하면, 우리는 실제 존재한다고 생각합니다. 실제 존재한다고 생각하기 때문에, 내가 그린 그림이지만 인식되는 순간에 만들어진 개념이지만, 그것이 가짜란 걸 모릅니다.

그렇기 때문에 순간적으로 일어난 생각을 따라서 끊임없이 쫓아다니면서, 그것이 실질적으로는 가짜란 걸 몰라요. 내가 예측해서 내 멋대로 상상한 그림이라 이거지. 그러면서, 잠잘 때도 꿈꾸고 그다음에 안 잘 때는 끊임없는 생각에 시달리면서 하루 종일 24시간 쉴 새가 없다. 끊임없이 생멸을 거듭한다, 이 마음 안에 있는 영상이. 그러면서도 그것이 가짜란 걸 모른다.

4. 삼법인(三法印)

자기가 만든 자기 그림에, 그러니까 실존한다고 생각하고 집착이 되고, 집착이 되면 분별하게 되고, 자아의지를 일으키게 되고 이럼으로써, 우리는 '나'라고 하는 마음자체가, 우리의 의식이 대상과 접촉하면서 만들어진, 인식 가운데서 만들어진 '개념'이다. 개념이, 여러 가지 개념이 축적되어 가지고 실존하는 세계로 보인다. 이것을 오온이라고 그랬죠? 그죠? 색·수·상·행·식, 대상세계를 접촉하는 순간에 그 인식이 바로 개념을 만들고, 그것이 우리 내면에 영상으로 자리를 잡고. 영상으로 자리를 잡는 거와 동시에 그것은 실존한다고 착각을 하고, 그것이 실존한다고 착각을 하니까 자연히 집착이 되는 것이고, 그것이 '나'라고 생각하는 거예요.

그러면서 가지가지 분별을 일으키고 확정된 의식을 일으켜서 '자아'라는 의식이 굳어진다. 이것이 뭐냐? 진짜 참 자기는 모시고 있으면서도 실제 우리가 알고 있는 것은 뭐냐? 알고 있는 것은 오온, 내가 만들어놓은 오온, 대상과 접촉하면서 만들어진, 마음의 그림이다. 그렇기 때문에 이 그림이라는 것을 자기로 알고, 참 자기는 모시고 있으면서도 이것을 거꾸로 알고 있다.

여기서 조건이 하나 있어요. 영구적으로 존재해야만 자아의 실체라 할 수 있고, 영구적으로 존재해야만 이것은 제행무상이라는 법칙에서 벗어날 수 있고, 이것은 영구적으로 존재하려면 어떻게 해야 됩니까? 생기는 걸 조건으로 해버리면, 이미 생겼다 하면 없어지기 때문에 영구적인 것은 없다. 내 마음의 가지가지 생각도 됩니까? 가지가지 생각도 끊임없이 생겼다 없어지고 생멸을 되풀이하면서도 수시로, 수시로 그것을 겪으면서도 그것이 '자아'라고 착각을 하는 거야, '나'라고.

　그래서 나라고 할 수 있고, '나'라고 주장을 내세우려면, 그것은 '생기거나 없어져서는 안 된다' 하는 것이 자아의 실체야. 근데 우리가 알고 있는 내 마음속에 만들어진 모든 영상과 나라고 생각하는 건 끊임없이 수시로 변한다. 자, 쉽게 말하면 잘 봐요! 여기서 우리 거사님을 상대로 얘기할 때 '나는 어떻고, 거사님은 어떻습니까?'할 때, 이미 상대적으로 이렇게 우리가 세웠잖아요. '나는 어떻고 지는 어떻다'할 때, 이것은 뭐냐 하면, 그 '나'라 하는 생각을 그때 일으킬 때, 그것은 이미 고정시켜 놓은 자기개념일 뿐이지, 거기서 나의 실체는 없습니다. 알겠어요?

4. 삼법인(三法印)

그래서 '나'라 하는 생각은 일어났다가 또 사라져갑니다. '나'는 계속 사라져간다. 그러다 또 새로운 인연이 되면 '나'란 생각을 일으킵니다. 그러면서도 수시로 속습니다. '나'라 느끼는 이 생각자체라는 것은, 지금 일어난 생각이고, 필요에 의해 상대적으로 대상을 상대하며 일어난, '주관'을 내세울 때 '나'라는 걸 내세우기 때문에, 이 '나'라 하는 것이 결국 얼마나 허망하냐? 그런데 어리석게도 끊임없이 생겼다가 없어지는 '나'라는 개념을, 이것이 고정을 시켜버리기 때문에 집착이 돼버리고, 본래 고정시킬 수 없는 이 세계, 실체를 고정시킴으로써 어떻게 되느냐? 자기가 매여버려. 내가 만든 내 개념에.

근데 이 개념에 내가 매여 버리기 때문에 어떻게 되느냐 하면, 결론적으론 내가 세운 내 생각의 노예가 된다. 그래서 첫째, 자존심을 버려라. 결국, 자아란 것을, 개념을 버려라! 근데 그걸 버린다 해서, 이 보고 듣고 하는 '이 주인공'이 말이야, 보고 듣고 가지가지 일상생활을 하는 이 주인공이 없어지는 건 아니잖아요. 근데 이것은 그때 생각이 일어나면서 '나'라는 생각이 일어났다 사라져가고, 가지가지 사량이 일어났다가 사라져가지만, 그때 그건 그것으로써 소멸돼 없어져가는 것이지.

4. 삼법인(三法印)

실체가 아니기 때문에.

　그러면 어떤 것이 이 가운데, 여러분들이 정말로 추구하는 실상이 어디 있느냐? 우린 여지껏 내가 만든 내 개념을 '나'로 알고 있었다 했으니 그럼 여기서 어떻게 해야 되느냐? 그럼 우리의 실체는 어디서 찾아야 되느냐? 잘 보세요.

　탁!(죽비소리)

　이것은 당장에, 이 보는 건 안식(眼識)이고, 소리는 이식(耳識)으로 들었죠? 당장 시청(視聽)되었죠, 그렇죠? 이 소리와 본 것은 안식과 이식이 동시에 발동했습니다. 더불어 향기 맡거나 맛보거나 촉감하고 사량하는 것도 전부, 탁!(찻잔을 들어 올렸다 내림)

　이 본 안식(眼識)과 또는 듣는 이식(耳識)과 하나의 물건이, '하나의 어떤 이 실체'가, 안·의·비·설·신·의의 감각기관을 통해서 작용을 할 뿐입니다. 작용을 하고서 사라져간다. 작용하고서 그때 개념을 남기고 그때 사라져 갑니다.

그러나 모양이, 개념이 사라져갈 뿐이지 실체가 사라지는 건 아니다. 그렇기 때문에 인연만 되면 이건 작용을 해. 인연만 되면 눈에 닿으면 안식으로 볼 수 있고, 귀에 닿으면 들을 수 있어. 그러면서 그때 생긴 개념은 어느 정도 자리 잡고 있다가 사라져가. 그런데 불행하게도, 항상 보고, 듣고, 작용하는 이 실체는 모양과 색깔이 없기 때문에, 볼 수 없어. 그러면 자아는 뭐냐? 습관적으로, 습관적으로 모양을 통해 보려하니까 못 보는 거라. 모양이 원래 없는 거예요. 인연 따라서 작용만할 뿐이야.

모양은 눈으로 보고, 소리는 귀로 듣고, 향기를 코로 맡고, 맛은 혓바닥으로, 촉감은 몸뚱이 전체로써 느낀다. 그리고 받아들여 가지가지 옳으니 그르니, 가지가지 색깔을 넣어서 판단한 건, 전부 내면의 의식작용이다. 이 여섯 가지라는 것이 끊임없이 작용하지만 여기 가운데 실체는 하나도 없습니다. 의식도 생각하다 사라져 버리고, 이것이 눈으로 작용할 때는 보고, 귀로 닿으면 듣고, 코에 닿을 때는 냄새 맡고, 그리고 맛볼 때는 혓바닥으로, 촉감은 다시 몸뚱이 전체로, 그리고 내면의 의식세계는 받아들이는 걸 가지고 가지가지 제멋대로 판단을 한다. 이러면서 '나'라는 걸 형성해가는 거야. 그거

4. 삼법인(三法印)

전부를 '나'라고 알고 있어.

의식도 계속 그것이 고정된 게 아니고, 안식(眼識), 이식(耳識), 비식(鼻識), 설식(舌識), 촉식(觸識), 전부 고정된 게 하나도 없습니다. 불행하게도 이것을 모아놓고선 자기가 영상화시켜 놓고, 고정시켜 놓은 그 인식을 가지고선 '나'라고 착각을 한다. 그러면 이걸 떠나서 자아가 따로 있는 건 아니다. 여기서 이걸 구분해야 됩니다. 이것을 이렇게 보면, 탁!(찻잔 올렸다 내림)

소리와 모양을 한꺼번에 동시에 보고 들을 수 있는, 시청할 수 있습니다. 탁! 그렇죠? 그런데 여기만 그런 게 아닙니다. 향기 맡고, 맛보고, 촉감 하는 것, 생각하는 것, 이것 전부 동일합니다. 탁!

이것은 그래서 내가 항상 이런 얘기를 하죠? 이것은, 우리의 실체는 볼 수 없다. 냄새 맡을 수도 없다. 그러면 색깔로 볼 수도 없고, 만질 수도 없고, 감각으로도 어떻게 감지할 수 있는 대상이 아니다.

4. 삼법인(三法印)

이건 그냥 인연만 되면 감각은 오니까 그냥 몸뚱이가 부딪혔을 때 나타나는 거죠? 그죠? 감각은. 모양으로 보는 건 눈으로 봐야 되잖아. 소리는 귀로 들어야 되잖아. 이런 식으로 전부 이때마다 전부 작용을 하는데, 이것을 다 모아 놓고선, 모양으로 볼라 하는 거야. 이건 본래 모양이 없는 거야. 이 감각기관을 통해 가지고선 지금 드러내고 있는 겁니다. 그러면 자아의 실체는 뭐냐? 이건 어디서도 찾을 수 없다. 과학적으로도 철학적으로도 절대 찾을 수 없다. 그러나 어디 간 건 절대 아니다. 탁! 요렇게 작용을 통해 드러냅니다.

이것이 뭐냐?
이것은 온 적도 없고 간 적도 없다. 이것은 온 적도 간적도 없다. 왜? 인연 되면 작용할 뿐이지, 그게 어디 온 건 아니다. 할 수 없이 우리의 '자아(自我)'라고 이름 붙여도 자아란 이름을 붙인 자체가 맞지 않아요. 그냥 그 무엇이 인연 되면 작용을 한다. 그저 이렇게 해서 이 부처님 법에서 먼저 '불성(佛性)'이라 그래, 불성! 근데 우린 부처님 하면 자성불, 이 불을 갖다가, '스스로 가지고 있는 이 부처님'을 갖다가 우리는 '자성불(自性佛)'이라 그러지. 먼저 이것을 발견하시고 체득하신 분이 석가모니 부처님이다. 그렇게 큰일은 아니지만 엄청 큰일입니다.

왜 엄청 큰일이냐? 내가 지금 감각하고 보고 들을 수 있는 이 감각기관을 움직이는 즉, 작용하는 '이것'이 본래 불생불멸한다는 것을 최초로 발견하시고 체득하신 분이란 말이야. 그렇기 때문에 첫 번째 말씀하신 게 뭡니까? 깨달으시고? 중생이 가지고 있는 마음자리나, 지금 부처가 된 내 마음자리나 동일하고 똑같다. 단지 중생은 보고 듣는데, 그 가운데 만들어진 '안·의·비·설·신·의를 통해 대상을 접촉하면서 만들어진, 그때 인식된 개념'을 가지고선 '자기'로 삼았다, 이거야. 자기로 삼았기 때문에 영원히 끊임없이 소멸한다. 인식된 세계는 끊임없이 소멸합니다. 자기로 삼았기 때문에 생멸이 끊임없이 되풀이된다. 다람쥐 쳇바퀴 돌듯.

본래 자체는 인식 이전에 본래의 이 불성, 이 자체는 생이니 멸이니 하는데, 이건 해당되는 게 아니고, 시간과 공간이라는 감각적 세계에 해당되는 게 아닙니다. 모두, 이로부터 모두 출생하는 것이지, 이것은 누가 만들어 놓을 수도 없고, 뺏어갈 수도 없고, 줄 수도 없고,

4. 삼법인(三法印)

도망가는 것도 아니고, 붙잡아도 붙잡히지도 않고, 내쫓아도 내쫓을 수도 없고, 그렇다고 아무리 잠을 자고, 가지가지 내버려둬도 어디 가진 않아. 인연만 되면 작용을 합니다. 부처님은 이것을 최초로 발견하시고 체득하신 분입니다.

그러니까 첫 번째 그렇죠? 중생과 부처는 깨닫든 못 깨닫든 아무 관계 없이 똑같애, 동일하다! 단지 중생은 오온을 자기 주인으로 삼았기 때문에, 끊임없이 오온을 주인으로 삼았기 때문에, 그건 소멸하니까 자기는 완전히 영원히 죽어 없어진다는 착각을 한단 얘기야.

그러면서도 그 의식이 다 사라지고 딱 하나 남은 게 있어. 평소에 얼마나 강하게 각인돼 있고 그것이 습관이 돼 있냐에 따라서 다음 생을 받으면 그게 그대로 드러납니다. 도둑질하던 놈은 도둑질할려고 첨부터 하고, 글 잘 쓰던 사람은 글 잘 쓸라 하고, 그러면서 바둑, 장기 잘 두는 사람은 어릴 때부터, 말 배우기 전부터 그것부터 익힌다고. 공부만 하던 놈은 계속 어릴 때부터 연필 가지고 끄적거려. 자기 과거 생에 하던 것이 각인된 건 그냥 남아서 다시, 그것이 다시 나타나는 거야. 그것이 인식된 세상 아냐? 그래서 이것은, 중생들은 뭐냐? 자기가 다시 태어나 배운 적도 없는 걸 잘하는 것은 한 번만 보면 다 합니다. 과거 생에 익혔던 습성입니다. 그 습관은 뭐냐면 '업(業)'이라고 그럽니다. 그렇게 되풀이되는데 의식세계는 다 소멸해버려.

그런데 그 의식이라는 것은 우리가 사량분별한 인식세계를 말하는 것이고, 본래 이 바탕, 의식을 일으키는 바탕, 눈으로 볼 수 있는 바탕, 귀로 들을 수 있고, 맛보고 향기 맡을 수 있는 거, 감촉할 수 있는 이 바탕은 그 인식세계에 해당되지를 않고, 그건 어떠한 오온도 해당되지 않아. 이것을 우리는 뭐야? 이름을 붙여 '자아'라 그러는데, 그것은 어디서 찾느냐 하면, 지금 드러나는 이것입니다(작용). 드러나는 겁니다. 약간 애매하죠? 헷갈리죠? 그렇기 때문에 여러분들은 본래 부처님하고 똑같다! 여러분들은 부처님과 조금도 차이가 나지 않아.

단지 감각기관에 의해서 얻어진 인식된 개념을 가지고선, 보이는 게 그것 뿐이니, '나'라고 착각을 한다. 그래서 여러분 반야심경을 읽어보셨죠? 그렇죠? 반야심경에 오온이 개공도 한다, 이랬죠? 오온은 가짜야. 무지개

와 같은 가짜야, 이런 뜻입니다. 그리고 우리가 알고 있는 '나'라고 하는 것은 '가짜 자기'라 이런 얘기, 이렇게 들어도 됩니다. 오온이 가짜다. 이것을 보는 순간에 실체를 바로 체득한다. 그 가운데 체득해 보니, 이 체득된 본래 우리 본성, 자성불은 어떠냐? 불생불멸하고 불구부정, 부증불감하더라. 자, 반야심경이 그죠? 이게 우리부처님 45년 설법의 핵심요지입니다. 오온이 공한 걸 보면서 실체가 바로 보이더라 이거지.

　탁!(물잔을 내려놓음)
이게 그냥 실체입니다.

　자, 그러니까 실체를 바로 보는 순간에, 모든 것이 전부가 눈에 보고, 듣고 하는 감각기관으로부터 얻어진 모든 일체 세계가 전부 다, 내 의식에서 만들어진 그림이더라. 근데 이 실체는 불생불멸, 불구부정, 부증불감이다. 자, 생길 수도 없고, 없어질 수도 없고, 늘거나 줄어드는 것도 없고, 더럽고 깨끗한 것도 없고, 그러면서 일체만법을 내는 것, 전부 주인이다. 우주를 만드는 진리다. 우주는, 여러분들이 '우주'라는 것은, 보살님들, 여러분들, 거사님들이 가지고 있는 '인식'일 뿐이지, 우주라는 건 실체가 따로 있는 게 아니다. 우주의 모습이 그대로 나타난 겁니다. 우주의 모습은 시작을 해가지고 전체를 여러분들이 모습을 띄고 나타난 거야. 그래서 '우주'가 '나'고, '나'가 바로 '우주'다, 이래. 그래서 말하는 거야. 잘 이해가 안 되죠? 이제 4번째 듣는 거죠, 그죠?

그래서 이 부처님 법은 뭐냐? '참나'를 찾는다, 이렇게도 압축 돼요. 참나를 찾아서, 참으로 나의 올바른 주인이 되자. 그리고 오온에 싸여서 꿈꾸는 것처럼 살고 있는 것을, 잠을 깨가지고선 제정신으로 살아가자. 그럼으로써 본래 속박된 적 없는 나의 참 자유, 참자기를 찾아서 참 자유를 누리면서 그 가운데서 우리 주인노릇하면서 살자. 이것이 행복이고 이것이 해탈이다.

이래서 이것은 좀 압축된 것이지만 이 내용, 지금 하는 이 얘기는 부처님이 45년 동안에 우리한테 알려줌으로써, 너희들도 똑같은 부처기 때문에 '참자기'를 찾으라고 '성불합시다' 하는 겁니다. 참자기를 찾아 체득한 사람을 성불했다, 그래. '성불합시다' 하는 게 그 얘기야. '참나를 바로 찾아서 자유인과 죽음이 없는 영원한 행복에 이르자' 이 얘깁니다.

4. 삼법인(三法印)

기도 좀 해가지고 자기가 가피를 입었다고 성불 받았다 이러고, 그거는 어떻게 되는 거야? 내가 부처 됐다 하는 거하고 똑같다. 그런 얘기는 하면 안 됩니다. 아주 무식한 중에 무식한 거다. 불자들이 제일 무식한 게, 이런 말 함부로 막 쓴다는 얘기야. 이러면 안된다. 이 부처님 법은 미신적 요소는 하나도 없습니다. 전부 일에 대해서 자기 마음 잘못 쓰고, 착각을 해가지고 잘못 씀으로써 만들어진 자기 운명을 갖다가, 누가 대신 준 것처럼, 신이 주도하는 것처럼, 이렇게 거꾸로 뒤집혀버리는 거야. 그래서 전도몽상 된다고 그래. 내가 만든 내 그림에 그만 노예가 돼버리니까 전도몽상 돼버려. 거꾸로 뒤집혀버려. 이런 내용이 45년 동안에 설하신 불경입니다. 지금 이 내용이, 이 내용.

이 '지혜'로써 바로 안주할 수 있는 이 법을 가르치는 것을 '반야'라 부르거든. 반야는 지혜를 말합니다. 반야부가 600부나 돼요. 600부. 그중에 정리가 제일 잘된 것이 577번째 있는 금강경이다. 금강경이 원문으로도 한문으로도 5천자가 넘는다. 그래서 그걸 더욱 압축을 시켜서 260자로 압축시켜서 함축해 놓은 게 뭐냐 하면 반야심경이다. 여러분들 반야심경 다 잘 읽데요? 읽는데, 우리 부처님 경전은 뜻을 모르면 읽을 필요가 없다.
아무리 읽어도 자기한테 이익이 없다, 그래.

4. 삼법인(三法印)

금강경독송회라고 있어. 여긴 가니까 할머니들에 이르기까지, 지금은 금강경독송회 가도 사람이 별로 없는 거야. 굉장히 한때는 붐을 일으켰는데, 한 26년 전까지만 해도 노인네들 하루 만 독 한다, 그랬어. 한숨에 경전, 금강경 전부 다 읽는다, 그래. 한숨에. 머릿속에 뱅뱅 도는 거죠. 그런데 금강경이 뭐하는 경이냐 물으면 하나도 아는 사람이 없더라는 거야. 하나도 못 깨우치는 거야. 이렇게 하면 아무 의미 없다. 아무리 외워봐도 뜻을 모르면 안 된다.

부처님 말씀에 금강경 자체에 이렇게 말씀하십니다. '내가 말하는 것은 너희들의 본불성, 실체를 바로 보게 하는 방편의 인도하는 말이지, 이 말 자체는 진리가 아니다. 이 말을 통해서 너희들이 가지고 있는 본래불성, 참자기를 발견하라고 가르치고 있다. 내 말은 뗏목과 같다.' 부처님 말씀입니다. 뗏목과 같기 때문에 뗏목을 타고 강을 건너갔으면, 강을 건넌 역할에서 끝난 거야. 내 말은 너희 자신을 발견하는 순간에 내 말은 이미 끝난 거야. 내 말은 거기서 역할을 다한 것이다. 그런데 배를 타고 건너가 놓고 배를, 그 배를 짊어지고 갈라 한다. 이런 꼴이 돼버립니다.

말머리만 잔뜩 주워 모아놓고는 이 무슨 뜻인지 알아볼라 하지도 않고 체득하지도 않고 하면, 이거는 뭐 이익이 없다. 그래서 하늘에 달을 가리키는 손가락 역할을 하는 것이다. 부처님 말씀 자체가 방편이라, 45년 동안에 각자가 자기가 가지고 있는 본래 불성, 생기지도 없어지지도 않는, 영원한 자유의 몸인 그 불성을 찾아주기 위해서 가르쳐주는 겁니다. 인도자 역할을 한 거야. 나침반 역할을 한 거야. 항상 이렇게 드러나 있습니다.

　　지금 여러분들 자아는 딴 거 아니에요. 다 개념을 일으켜 가지고. 내 지금 이 법사의 말을 듣는 '그 자리'를 말하는 거야. 그게 바로 그대로 '자성'이란 얘기고, 바로 '불성'이란 얘깁니다. 이걸 떠나가지고 따로 있는 건 하나도 없다. 전부 환상이다. 내가 상상해서 일으킨 전부 허깨비다.

　　그래서 우리 부처님 법은 이 우주가 나 하나의 생명체와 동일한 것이고, 이것이 하나로 각자로 분화될 뿐이지, 그것이 우주자체가 따로이고, 생명체가 따로 있는게 아니다. 유정체, 무정체, 유정, 무정, 또는 공계, 물리적 세계, 다 합해서 그 전체가 하나의 생명체다. 여기

4. 삼법인(三法印)

까지 들어가면 여러분들은 체득을 못했기 때문에 이해를 하기가 조금 어렵습니다.

이래서 우리가 앞 세 시간은 사성제니 오온이니를 설명하고 그다음에는 세상 살아가면서 어떤 식으로 살아가야 되느냐, 이기심으로 살면 살벌한 세계, 그리고 결국 자기가 설 땅이 없는 고통의 세계가 다가오고, 공심으로 살게 되면 다 같이 잘사는 행복의 세계가 공심에서 얻어지는 것이다, 이렇게 얘기를 했고, 더 적극적으로 나가가지고 자기가 조금 손해 보는 일을 했을 때에는 엄청난 이익이 돼서 자기한테 돌아온다.

그럴 때 이제 적극성을 띄게 되면, 능동적으로 공심을 행하면 보살행이라 그리고, 능동적이나 수동적으로 있으면 보살행이라 할 수 없습니다. 그러나 이 세상에 혼란과 불안, 공포나 다툼은 일어나지 않는다. 그래서 부처님 법은 공심을 능동적으로 행하라. 보살행을 행하라. 그것이 전부 자기한테 되돌아오니까 남 주는 게 아니다. 이 세 가지를 내가 말씀드렸죠? 그죠? 여기서 부처님 말씀 다 한 건데 오늘 하는 얘기는 뭐냐?

4. 삼법인(三法印)

그럼 여기서 참자아는 어디서 발견할 것인가? 지금 이 오온을 떠나서 있는 게 아니고, 오온을 일으킨 주인공이기 때문에 '지금 이 자리에 내 말을 보고 듣는 이것'이, 바로 여러분들 '자아'이지, 따로 있는 게 아니란 걸 가르쳐 준 거예요. 그런데 이것이 어디까지나 요기까지 알아가지고는 이론이야. 이론 가지고는 깨달았다고는 안 해요. 여기까지는 보통 이해할 수 있습니다.

그래서 이 깨달음을 체득한다는 것은 뭐냐? 우리가 이론으로 확실히 아는 것은 머릿속으로 알면 지식수준이다, 지식. 그러면 이것을 깨달으면 뭐냐? 체험, 체득하는 거야. 깨달음과 체험은 어디서 오느냐? 가슴으로 뻥 뚫린다, 가슴으로 바로! 보통 우리가 감동받았을 때 가슴에 와 닿는다, 그러죠? 그죠? 그건 단순지식이 아니죠, 그죠? 가슴에 와 닿는다 할 때는 단순지식이 아닙니다. 자기가 사실로 인정했단 뜻이고, 사실로 인지되었단 얘깁니다. 그런 경험 있죠? 그렇죠? 가슴에 와 닿는다, 그건 안 잊어버린다. 그리고 자기 꺼 됩니다. 그리고 머릿속으로 지식으로만 알고 있던 것은 절대, 어떤 상황이 오면 절대 자기 것이 안돼. 요걸 먼저 알지 못해도 이론 정도라도 알아둬야 된다. 그래야 깨우칠 수 있다.

이 자아를 참자아를 체험, 체득해서 깨달음을 얻을 수 있는, 이 체험, 체득, 깨달음은 동일한 용어입니다. 체험과 체득이 따로 있고, 깨달음이 따로 있는 게 아니야. 가슴으로 바로 사실로 인정될 때, 그때를 깨달음이라 그래. 그러면 이제 완전히 지금 이론으로 알던 세계와는 하늘과 땅 차이로써 내면의 세계가 다른 세계로 됩니다. 물론 이 세계를 떠나서 있는 건 아니지만, 그다음부터 부처님 경전을 다 한눈에 보기 시작해. 그래, 이 깨닫지 못하고 보는 경전은 어디까지나 자기 머릿속으로의 지식만 쌓았지, 자기 건 되지 않는다.

이래서 우리는 어떻게 해야 되느냐? 먼저 확실하게 부처님 법을 이론으로 알고, 그다음에 체득하는 공부를 해야 됩니다. 체득하는 공부는 어떻게 해야 되느냐? 항상 보고 듣는 이 놈은, 이 바탕은 한 놈이지만, 이게 한 놈이지만, 지금 얻어진 인식과 개념은 사라져가는 것이다. 그것을 자꾸 자기로 착각을 하고 매인다. 요걸 확실히 알아버리면 그 순간에 바로 봐요. 그 자리를 따로 떠나있는 게 절대 아닙니다. 물론 우리 노보살님들이나 여기서 처음부터 이해하지 않을라 하는 분들한테는 내 이런 얘기 해봐야 잠만 올 겁니다, 그죠? 내 이해합니다.

4. 삼법인(三法印)

모르는 거, 한 얘기 자꾸 들으면 짜증나거든. 근데 이것은 뭐냐? 우리 불교에 부처님 말씀은 태어나서 이 법을 모른다 하면 너무 아깝다, 안타깝다. 인간의 몸을 받았을 때 가장 적합하다. 깨달을 수 있는 것이.

깨닫지 못한 사람한테는 인식의 세계가 그대로 자기 다음 생으로 이어지기 때문에, 지옥이니, 아귀니, 축생이니, 인간이니, 천상이니, 수라니 여섯 가지 군이 분명하게 자기한테 다가오는데, 왜 그러냐? 미혹한 세계는, 지가 만든 지 인식의 세계가 실제로 다가오기 때문에, 꿈을 꾸면서 당하는 것이 실제 세계로 다가와 버리는 거야. 꿈을 꾸면서 우리 맞이하는 세계는 악몽을 꾸든 좋은 꿈을 꾸든 그건 사실적 세계라, 깨어나야만 가짜인 줄 알아. 깨치지 못한 건 눈앞에 벌어진 세계를 실제 세계라 그래. 이것을 체득해버리면 그것은 환(幻)이라는 것을 알아서 그만 거기서, 그 가운데서 자유로워집니다.

이를 깨달으면 이 자아를 바로 깨닫게 되면, 본래 생과 사는 한 번도 있지 않았다. 한 번도 생도 없었고 사도 따로 없었다. 이것은 어떤 시간, 공간의 제약을 받는 것이 아니다. 우주 그 자체이자, 이것이 지금 우주다. 우주가 바

로 이것이고, 이것이 바로 우주다 하는 것을 알게 된다,

　이것은 추상적인 얘기가 아닙니다. 그런데 깨치지 못하면 그때그때 눈앞에 나타나는 세계가 실제 세계로 그냥 다 보이기 때문에, 그냥 거기에 방법이 없습니다. 실제 세계로 다가오기 때문에 그것은 고통을 엄청 받아야 돼, 갈등과 고난의 세계, 고통의 세계. 깨어나면 있지도 않는 것이, 깨지 못하면 그 악몽이 실제세계란 말이야, 이래서 지옥이니, 아귀니, 축생이니, 인간이니, 천상, 수라니 하는 세계가 벌어진단 얘기야. 우리 내면의 세계의 갈등과, 내면의 세계의 탁한 모습과, 맑은 경계와, 눈뜬 사람과, 우둔한 사람과, 이런 경우에 따라가지고 전부, 그 합당한 세계의 몸을 받게 되어있거든.

4. 삼법인(三法印)

이건 어찌할 방법이 없습니다. 제 스스로의 참자아를 발견 못함으로써 얻어지는 과보이고, 남이 어떻게 해볼 수 없어. 자기가 노력해야 해. 자기가 깨치고 자기가 체득되어야 해. 그래서 부처님도 남의 성불은 대신 못해 줘. 인도만 할 뿐이야. 그게 잘못된 일이고, 니가 지금 환상을 보고 있다는 걸 인도만할 뿐이야. 가르쳐주고, 잠 깨라고 잠 깨워 준다고! 잠 깨는 걸 가르치는 겁니다. 깨어난다고 해서 콧구멍이 두 개던 것이 세 개 되는 게 아니고, 눈이 세 개 되는 게 아니고. 이대로 그냥 완벽하게 다 갖추어져 있는데 단지, 우리 가지고 있는 이 목구비 전체가 완전무결하게 갖추어져 있습니다.

그런데 우리는 뭐냐? 내가 인식해서 만들어 놓은 개념의 세계에 빠져가지고, 거꾸로 뒤집혀있기 때문에 바로 사용을 못해. 이 가운데서 남는 건 뭐야? 욕망뿐이야. 그 구하고자 하는 욕망은 어떻게 되느냐? 결과를 어떻게 생각할 수 있는 만큼 지혜도 없어. 깨쳐야만 이 결과가 없다는 걸 알면서, 하지 말아야 될 일을 안 할 뿐이야. 이것은 이미 씨가 심어져서 자라기 시작하면 열매를 거둬야 돼. 어리석기 때문에. 심어서는 안 될 씨앗을 심지 않는 것은 지혜로운 깨달은 사람. 모르고 무조건

4. 삼법인(三法印)

욕망만 따라가서 그냥 닥치는 대로 생각나는 대로 모든 행위를 하면, 끊임없이 그냥 악업을 지어가지고 끊임없이 돌아오는데 그걸 벗어날 방법이 있나? 자기가 짓고 자기가 받는 것은 누가 대신 받을 수 없다. 이게 법칙이야.

이 우주의 법칙이 뭐냐? 내가 심으면 내가 반드시 거두어야 돼. 콩을 심으면 콩밖에 올라오지 않고, 팥을 심으면 팥밖에 안 올라온다고. 이렇기 때문에 이 인과법이라는 것은 우주의 연기법입니다. 연기, 그걸 압축해서 인과법이라 그래. 우리 인간생활에 적용시켜서 우주의 모든 구성요소가 다 인과의 모습으로 만들어져 있어. 독립적인 존재는 하나도 없다.

그래서 내가 먼저 사성제를 가르친 건 뭐냐? 우선 현실은 무조건, 지나간 세월의 결과니까, 현실을 직시하되, 어떤 것을 직시하느냐? 먼저 현실을 직시해야만 옳게 살 수 있는데, 현실을 가지고 현실 자체만 봐가지고는 해결을 할 수 없다. 현실은 지나간 과거기 때문에, 이렇기 때문에 원인을 분석해서 맘에 안 드는 거와 잘못된 걸 바로잡는 거, 이것이 뭐냐?

4. 삼법인(三法印)

지금 병이 났다면 이 병이 왜 났느냐? 무슨 이유냐를 알아야만 병을 고칠 수 있고, 처방이 나오듯이, 현실세계가 이루어지는 것이 일어난 원인을 몰라버리면, 임시 봉합을 해가지고 끝이 나지 않고 악순환이 계속 되풀이된다. 이렇기 때문에 소급 관찰하는 법을 내가 가르쳤는데, 다 녹음해가지고 있으니까 소급해서 관찰하는 법, 그렇죠? 녹음하셨죠? 그럼으로써 현실세계를 해결할 수 있는 길은, 소급 관찰을 통해서 지금 현재 일어난 잘못된 것을 근본적으로 제거할 수 있고, 그런 원리에 의해서 만들어진, 모든 원리가 수백 수천 가지라도 같은 원리를 가지고 있다.

내가 크게 두 가지 언급을 했습니다. 이 세상에 이러지도 저러지도 못하는 일, 이것은 반드시 해서는 안 될 일을, 자기 개인욕심에 의해서 추진하다가 일어난 일이기 때문에, 소급 관찰해서 그것이 밝혀지면 그건 과감히 포기하라. 그럼으로써 해결이 된다. 이것도 저것도 없는 것이다. 할 수 있는 것, 될 수 있는 것이 안 되는 건 뭐냐? 사람과 사람 관계에서 비틀어졌기 때문에 그 원인은 사람과의 관계를 풀지 못해 그리됐다. 그럼 사람관계만 잘 풀어놓으면 이건 성공할 수 있고, 전부 다 성취할 수 있는 거다. 이 두 가지를 크게 언급했지만, 모든 원리는 이와 같이 다 원인과 결과가 한 쌍으로 되어 있다. 그래서 씨는 바로 열매고, 열매는 씨와 똑같은 것이다.

현재에 다가온 현실은 뭐냐? 결과입니다. 내가 심은 씨의 원인에 의해 여기 있으니까. 콩 씨를 하나 심어가지고 콩이 올라와서 열매를 맺었으니까 똑같은 경우입니다. 이 원리는 언제 어느 곳에도, 우주전체에 해당되는 우주의 법칙입니다. 여러분들은 이 말씀을 잘 기억했다가 꼭 한번 녹음을 해가지고 나와 같이 대화하고 물어봤을 때 반드시 녹음을 해서 여러 번, 여러 번 들음으로써, '아, 부처님 가르침이 이런 것이었구나!' 참 현실적이고 과학적이며 합리적인 말씀입니다. 그게 인정 안 되면 믿지 마세요. 인정 안 되면 뭐냐? 사이비입니다. 합리적이지 못하고 거기서 논리도 부재되고 그렇다면 그것은 사이비입니다. 신비주의를 내세워가지고 신의 뜻이기 때문에 너희들은 믿기만 하면 된다는 것은 사이비야. 그건 바로 미신입니다. 그런 법은 없습니다, 이 법칙은.

그렇기 때문에 부처님 법은 잘 관찰해 들어가다 보면, 전부 다 구구법이 딱딱 맞아떨어지듯이 이것은 하나도 어긋남이 없다. 그것이 콩을 심으면 콩이 나고 팥을 심으면 팥이 나오는 원리다. 이 원리를 떠나서 일어나는 일은 하나도 없다.

그래서 운명이라는 것을 내세워가지고서는 '운명적이다' 그리고 '우연이다'는 얘기는 안 맞는다. '필연적이다, 반드시 그렇게 된 원인이 있다. 필연적이다' 이렇게 말해야 맞지, '그냥 우연이고 어쩌다보니 그렇게 됐고, 운명이다' 이렇게 말해버리면 어떠냐? 그거는 잘못 알고 있다. 거꾸로 알고 있는 것이다. 반드시 필연적이란 걸 알아야 된다. 그렇게 될 수밖에 없는 원인이 있었기 때문에 그러한 결과가 온 것이다, 이렇게 알고 있으라고. 신비주의에 빠지거나 기도해서 뭔 복이나 좀 빌라는 이런 할머니들이나 할아버지나, 또 뭘 해보지 않을라 하는 분들은 이 얘기 아무리해도 들을라 안 합니다.

여러분들은 그래도 인식수준이 꽤 높은 분들이고, 여러분들 자체는 거의가 정신적이든 육체적이든 조금도 하자가 없는 분들이기 때문에, 노력만하면 누구든지 깨달을 수 있고, 누구든지 부처님하고 똑같이 될 수 있는, 그대로 다 갖추고 있는 존재다, 이겁니다. 오늘 이 인연

을 기점으로 해서 참다운 불교를 바로 알고 참다운 불
자로 우리 거듭납시다. 성불하십시오.

5. '참나' 깨닫는
   영가 법문

5. '참나' 깨닫는 영가 법문

여태껏 법회를 몇 번 했어요? 2번 했어요? 3번 했어요? 4번? 그 동안에 녹음을 다 했죠? 어떤 내용이야? 이 중에 부처님 법을 제일 먼저 알아들으려면 '3법인(三法印)'이란 걸 잘 알아야 됩니다.

'3법인'이란 건 3가지 변치 않는 진리, 이것은 어떤 경우에도 변하지 않는 진리, 제행무상(諸行無常), 제법무아(諸法無我), 열반적정(涅槃寂靜)을 말하는데, 첫째, '제행무상'하면, 일체 모든 현상체, 모양 있는 모든 것, 이것은 가만히 있는 게 하나도 없다. 여러분들 몸뚱이에서부터 여기 보면 나무, 풀, 산, 돌, 해, 달, 별에 이르기까지 눈과 귀와…… 오감으로 수용하는 현상계의 세계는 하나도 고정돼 있는 게 없다.

왜 그러냐? 이것은 단일 실체가 아니고 여러 가지 원소가 집합체로써 모여져가지고 이루어진 하나의 모습이기 때문에 그것은 해체될 수밖에 없다. 그것이 모여지는 것도 자체 동인(動因)으로써 하나의 집합체를 이루고, 그 가운데는 '불성'이라는 오묘·불가사의한 생명체의 원리가 되는 핵이 있단 말이야. 이것이 전부 조정을 한다, 사실은. 필요에 따라 조정이 된다. 유정체든 무정체든 똑같습니다. 모여서 만들어졌기 때문에 해체되게 되어있다. 모여서 만들어졌기 때문에 해체된다.

그렇기 때문에 여기서 지금 우리, 죽비를 봅시다. 이것을 '죽비'라 합니다. 이것이 존재하느냐? 잘 봐요. 여러분들은 존재한다고 하겠죠? 이 존재하는 건 여러분들이 이걸 보고서 우리가 명칭을 부여하고 의미를 부여한 거야. '이것이 죽비'라는 명칭을 부여함으로써 이것은 존재한다는 인식을 하게 돼. '이름'입니다.

이 죽비는 지금 뭐로 이루어졌느냐? 이 죽비라는 말은 사실은 우리가 만들어 붙인 이름이고, 거기서 만들어진 자기 개념이야. 그 자체는 이게 없어도 죽비라는 개념은 있죠? 그죠? 그건 이걸 보면서 우리가 만들어 붙인 명칭이란 말이야. 명칭을 붙이고 거기다 의미와 의미를 부여함으로써 자기 개념에 이것은 존재한다고 관념을

5. '참나' 깨닫는 영가 법문

만들어버려.

죽비라는 존재는 사실 있는 게 아닙니다. 각자 여러분들이 붙인 이름이요, 여러분들의 마음속에 새겨진 그림일 뿐이지, 인식의 그림일 뿐이지 죽비는 존재치 않아. 여기에 죽비라는 건 하나도 없어. 죽비는 우리가 여기다 붙인 명칭이야. 명칭이란 게 관념화되면서 존재하는 것처럼 느껴진다 이거야.

이것은 뭐야? 이 자체는 나무야, 그죠? 죽비가 아니죠? 나무입니다. 나무를 우리가 좋게 깎아놓고 여기다 이름을 붙인 것이다. 이와 같이 모든 이름 붙인 것, 모든 현상체는 우리가 붙인 이름에 의해가지고 존재하는 것처럼 느껴져요. 그 자체는 끊임없이, 끊임없이 집합하고 흩어지는 것을 되풀이하면서 끊임없이 변해. 유전(流轉)하고 있는 거야.

그런데 그것이 존재한다? 자체 하나하나를 보면 원소는 원소대로, 전부가 모두 집합, 집합하면서 피라미드처럼 이렇게 모여가지고, 하나하나 모여 이루되, 각자 전부 운동을 해. 계속 해체와 집합을 되풀이하고 있을 뿐, 여기서 죽비는 존재치 않아. 여러분들의 마음속에 의미로써 존재하는 것이지, 탁!(죽비를 침) 여기에 죽비는 존재하지 않는 겁니다, 여기에. 탁! 죽비라는 이름을 붙였을 뿐이지! 이걸 잘 알아야 돼.

그럼 우리 보는 사물, 모든 현상체는 뭐냐? 우리가 이름을 의식으로 붙인 거야. 의식 속에 있는 관념입니다. 존재하는 게 아니고. 그건 어디서 나는 지도 모르고 끊임없이 모이고 흩어짐을 되풀이하는, 잠시 우리 눈앞에 나타나는 가합된 하나의 모양입니다. 이것 자체가 존재하는 게 하나도 없습니다. 모아서 다 빼 봐요!

우리 자동차 타고 왔죠? 자동차란 우리가 붙인 이름이야. 자동차가 존재한다는 의미, 관념을 가지고 존재한다고 하고, 저 가운데 자동차란 건 없습니다. 뭘 가지고 자동차라 하느냐? 핸들? 본네트(보닛)? 바퀴? 엔진? 이것을 자동차라고 해요? 모아진 집합체에다 우리가 붙인 이름이고, 거기다 의미를 부여해서 자동차라는 개념을 만들어 낸 자기 의식 속에 있는 거야. 그 자체에서 자동차란 건 찾을 수 없습니다, 사실. 좀 까다롭죠? 그죠? 까다롭지만 집에 가서 잘 들어보세요.

5. '참나' 깨닫는 영가 법문

우리가 보고 듣는 모든 것은 전부, 이와 같이 자기가 관념으로 만들어 붙인 자기 생각의 그림이다. 이래서 제행무상, 하나도 고정된 건 있을 수 없다. 왜? 그 자체가 실제로 죽비라는 게 처음부터 존재했던 것도 아니고 우리가 나무를 깎아 놓고, 이 나무도 그런 것이, 변화되고 해체되는 과정에 있는 거야. 이걸 보고 우린 이 죽비가 존재한다 하는데, 이것은 처음부터 존재했던 것이 아니고, 여러 가지 원소가 모여서 잠시 가합된 모습을 이루고 있는 거야.

우리 마음속에 있는 죽비다, 자동차다 하는 것은 여러분들의 의식 속에 있는 관념일 뿐이지, 그 가운데 자동차란 건 실제 있는 것이 아닙니다. 탁!(죽비소리) 물론 마찬가집니다. 이 모든 것이 다 그러합니다. 우리 의식 속에서 관념으로서 자리 잡고 있는 것이 존재하는 것처럼 보인다. 그 자체는 끊임없이 변하는데, 그걸 어딜 가서 찾을 것인가? 나중에 해체된 뒤에. 찾을 수 없죠? 해체된 뒤에 어디 가서 찾을 거예요? 본래 있었던 게 아니거든. 우리 의식에 그렇게 생각하는 것뿐이야, 관념! 이렇게 끊임없이, 본래 있었던 게 아니니까, 가합되었기 때문에 자기 실체, 자아라는 실체를 가지고 있지 않아.

그래서 '제법무아'라고 그래.

일체 현상체는 모든 것이 '나'라는 실체는 가지고 있지 않다. '이것이 죽비'라는 실체는 여기서 찾을 수 없습니다, 관념이지. 이름을 붙이고 관념으로 존재한다고 생각하지, 죽비로. 이걸 잘 들어야 돼요. 요걸 잘 이해한다면 이건 대단한 지혜입니다.

이래서 제행무상, 제법무아, 제행무상은 끊임없이 변해간다. 왜 그러냐? 여러 가지가 가합되어서 잠시 모양을 이루고 있기 때문에 해체되는 과정이니까 변할 수밖에 없지. 그러니까 상호보완 설명입니다. 제법무아, 제행무상. 그러니 눈에 보이는 모든 것, 눈에 보이는 모든 현상체는 전부가 우리 의식 속에 관념으로 존재한다고 느낄 뿐이지 그 자체가 존재하는 게 하나도 없다. 즉 가만히 있는 게 하나도 없어. 전부가 모이고 흩어짐을 되풀이하면서 끊임없이 변할 뿐이지. 그러면 실제 존재하는 게 뭐냐? 실질적으로 존재하려면 우선 생겨날 수도 없고 없어질 수도 없어야 된다. 이걸 우린 실존한다고 그래. 그런 게 있습니까? 없죠? 실존하는 게 하나도 없죠? 그렇기 때문에 전부가 공(空)하다 그래.

없다는 뜻이 아니라, 있다·없다는 유·무의 개념의 반대개념이 아니고 이것은 모든 유·무를 다 초월해서 그 모든 것을 움직이는 기본 바탕자리, 하나의 시스템이 있습니다. 우주 운행의 시스템, 생명활동의 시스템, 이것은 모양으로 볼 수도 없고. 생겨나고 없어지는 것도 아니야. 본래부터 자체 동인(動因)으로 그렇게 되어 있다. 그게 어디냐?

여러분들의 그 원동력이 되는 그것이 뭐냐 하면 여러분들이 지금 탁!(죽비소리) 이걸 보고 듣는, 요 자리가 바로 그 자립니다. 이 자리를 바로 관념을 붙이지 말고, 관념을 떠나, 관념을 붙이지 않을 때 그것은 이 우주를 움직이는 모든 원동력이 되는, 즉 우주의 근본자리다. 이것은 생겨지는 것도 없어지는 것도 아니다. 이 몸이 수십 번 바뀌고 어떠한 몸을 받더라도 아무 관계 없이 이것은 인연되면 작용을 한다.

인간은 안·이·비·설·신·의(眼耳鼻舌身意)로 작용을 하죠. 동·식물 어디로 바뀌더라도 이것은 아무 관계 없습니다. 이 생명체는 생기고 없어지는, 근본자리는 이건 생긴다·없어진다, 그게 아니야. 인연되면 작용하기 때문에 이 우주를 운행시키고 생로병사 모든 생명활동 시스템의 근본이 되는 작용이야. 이걸 우리는 '불성'이라 그래. 이것은 생기고 없어지는 자리가 아니야.

우리의 모든 관념을 떠나서 모든 생각으로 짓지 않으면 바로 이 자리를 확보하고 있습니다. 생각으로 알아맞히려 하니 모르는 거야. 생각으로 보려면 볼 수 없는 겁니다. 모든 관념이 다 떨어져야 돼. 이것이 뭐냐? 이건 열반적정이다.

이것은 생기고 없어지는 것이 아니다. 왜? 여기서 생기는 건 다 없어진다. 그러므로 자아가 없다. 이것은 허망한 것이고, 이것은 실체가 아니다. 열반적정은 뭐냐? 생길 수도 없고 없어지지도 않는 것, 늘지도 않고 줄지도 않는 것, 모든 형상을 벗어나 있어서 이것은 어느 누구도 뺏어갈 수도 없고, 이것은 도망가는 것도 아니고, 우주에 그냥 꽉 차 있어서 우주 전체가 이 생명체의 덩어립니다.

이것이 끊임없이, 끊임없이 인연되면 분화(分化)하면서 각자 자아의식(自我意識)을 갖게 되고, 이 근본자리는 한번도 움직임 없이, 저 나무가 수천, 수십만 그루가 씨

5. '참나' 깨닫는 영가 법문

한 알이 모든 것을 퍼뜨려서 각각 자아를 갖게 하듯이, 이 생명체는 인연 되면 끊임없이, 끊임없이 분화되면서 자아의식을 갖는데, 자아의식은 아무 의미 없는 겁니다. 상대적으로 만들어진 개념일 뿐이지, 자아의식이란 건 본래 여기는 없습니다. '자아'란 건 본래 존재하는 것이 아닙니다. 상대적인 개념으로 붙인 '이름'이다.

이것은 근원이 전부 불성(佛性)이다. 이것은 열반적정이다. 이것은 생기고 없어지는 것이 아니다. 이것은 어딜 의지하느냐? 스스로 의지하는 바가 없이 의지합니다. 열반은 생겨나는 것이 아니고 없어지는 것이 아니기 때문에, 근본자리는 생기고 없어지는 자리가 아니기 때문에 어딜 의지하는 데가 없어. 모든 생명체는 다 그와 같이 이걸 갖고 있는데, 여기서 중생이라 하는 것은 각자 자아의식으로 너, 나를 분별로써 갈라놓고, 개념으로 가지가지 상상과 여기를 돌면서 만들어놓은 관념 속에 가둬놓아 버리는 거야.

무한한 우주의 생명은, 이 생기고 없어지지도 않는 한량없는 시간과 공간을 초월해 있는 이것을, 관념으로써 전부 묶어놓는 것이다. 자기가 생각을 일으켜서 생각에 의해서 존재한다는 그 가상의 그림자를 가지고, 착각을 하고 거기에 매달려 있기 때문에 본래부터 이것은 생기고 없어지지도 않는 이 불성, 이 자리, 이것이 가려져 뒤집혀서 거꾸로 사는 거야.

삼법인, 세 가지 변함없는 진리란 뜻이야. 이것은 일체 눈에 보이는 것은 전부다 가짜다. 이것은 실제 존재하는 것이 아니고 우리의 관념 속에서 그렇게 보일 뿐이다. 그렇기 때문에 눈에 보이는 현상체는 각자 자아라는 실체는 가지고 있지 않다. 여러분들이 지금 보고 듣는 딱! '요 자리'만, 이것은 믿을 수 있는 자리다.

이것은 인연만 되면 이렇게 작용을 한다. 눈으로 작용하고 귀로 작용하고 촉감으로 작용을 하고 그다음에 냄새 맡고 맛보고 의식을 일으킴으로써 가지가지로 얻어진 관념이 지배할 뿐이다. 눈·귀·코·혀, 모든 안·이·비·설·신으로 받아들이는 걸 갖다가 의식이 전부 연결하면서, 혼자 주관을 하면서 전부 가지가지 사량 분별을 일으키면서 관념을 만들어낸다. 그래 이것을 안·이·비·설·신·의, 육식이라고 그래.

5. '참나' 깨닫는 영가 법문

여러분들이 '나'라고 생각하는 것들이 뭔지 압니까? '너', '나'라는 상대적 개념으로 만들어진 것이 '나'란 개념이야. '나'라는 생각이 딱 일어남과 동시에 어떻게 되느냐? 딱 고정돼버려. '나'는 존재한다. 바로 지금 상대적으로 만들어진 관념으로 딱 묶어버리고, 요 관념이 존재한다고 그래. 바로 가짜를 붙잡아버려. 그것도 '너', '나' 하면서 바로 사라져버려. '나'라는 개념이 사라져버려.

'나'라는 개념과 상대를 의식하지 않을 때는 '너', '나'라는 분별이 서지 않아. 그렇게 되면 뭐냐? 인연만 되면 작용만 하는 이 물건은 어떠냐? 이것은 '너', '나'라는 관념에 얽어매여 버리면 딱 갇혀서 한정돼 버려. 한정되기 때문에 그때부터는 관념에 갇힌 종이 돼버려. 오온이란 설명 있죠? 똑같은 이것이 그래서 그래.

관념을 일으켜서 스스로의 반대적, 상대적 개념으로 만들어놓은 '나'라는 개념에 묶여서 이것을 거기에 한정시켜 '나는 존재한다' 하지, 이것은 인연만 되면 작용만 할 뿐이지. '너', '나'란 건 이름 지을 수도 없고 모양을 찾을 수 없어! 지금 '나'라 하는 것은 전부 여러분들이

상대적으로 만들어놓은 자기 개념일 뿐이지, 순간적으로 만들어놓은! 이것을 실질적인 '자아'가 있다고 고집을 부리는 거야. '나'는 존재한다고! 여기서 '나는 존재한다'는 '개념'이야. 인연 돼서 작용을 일으키는. 이것은 탁!(죽비 소리) 그 가운데서 만들어진 부산물이죠? 이것을 잘 분간해야 됩니다.

인연만 되면 작용하는 이 물건은 어떤 것으로도 이름 붙일 수 없어. '너', '나'라고도 할 수 없고, 붉다, 푸르다 이름붙일 수도 없고, 어떤 것에도 이름 붙일 수 없는 부분이, 인연만 되면 작용하는 그놈이야. 할 수 없이 불교에서 '불성'이라 그래. 누구든지 생명체는 다 그렇게 똑같이 구비돼 있어.

그러니 본래 열반을 증득하고 있는 거야. 관념이 떨어져서 작용하는 이외는 나머진 전부 공(空)하고, 일체 다 가짜라는 걸 보는 순간에 이것을 스스로 아는 거야. 왜 죽음에 대한 공포를 느끼느냐? 이놈의 의식이 내가 만들어 놓은 관념에 사로잡혀서 이 관념을 '나'라고 알고 있는데, 이 관념은 육신이 소멸하는 동시에 같이 소멸해버려.

5. '참나' 깨닫는 영가 법문

그러니까 내가 만든 관념에 붙잡혀서 그것이 '나'라고 생각되는데 죽으면 다 없어져. 아주 완전히 아무것도 없고 바로 찾을 수 없어. 엄청난 공포를 느끼겠죠? 관념에 집착이 되어있어 그걸 놓치면 자긴 아주 완전히 끝장난다고 생각하는 거야. 이러니까 여러분들은 실제는 생사(生死)가 없거든, 실제는 생사가 전혀 없는데 관념을 '나'라고 거꾸로 알고 있기 때문에 공포를 느끼는 거야.

그러니 우리가 어떤 일을 열심히 할 때, 너도 없고, 나도 없고, 일도 없고, 그렇죠? 일도 없고, 나도 없고, 너도 없고, 생사도 없고, 별도 없고, 달도 없고, 여기는 너, 나가 하나도 존재치 않아.

분별이 일어남으로써 상(相)이 나타나. 관념의 '상'이 사실로 느껴질 때 분별심이 일어나고 집착이 일어나. 그 다음부턴 거기에 매여서 종이 되고 노예가 되기 때문에, 관념이 사라지면 자기는 사라집니다. 죽을 무렵에 관념이 사라지기 때문에 잠시 동안 아무것도 없어. 순간적으로 아무것도 없어. 관념에 붙잡혀 있다가 관념과 같이 소멸해.

그러나 또 얼마만큼 지나면 다시 또 의식이 살아나기 시작하는 거야. 그런데 다 잊어. 이생에 있었던 건 다 잊어먹어. 남는 건, 강하게 익혔던 습관만 남아서 그것이 그대로 발동을 하고, 다음 몸을 받으면 또 습관은 남아서 그냥 나오는 거야. 의식에 있는 게 아닙니다, 습관은.

　　이와 같이 우리는 내가 만든 관념을 '나'라고 속고 거기에 휘둘려서 종이 되어 살아간다. 종이 되어 살아가기 때문에 이걸 중생이라 그래. 원래 생사가 없는 걸 생사가 있다고 느낀 것이, 내가 만든 관념을 '나'라고 알았기 때문에 이 관념은 소멸하기 때문에 죽을 때 어때요? 그 관념을 누가 만들어놓은 거야? 그 무엇이 만들죠, 그죠? '보고 듣는 그 무엇'이 있어서 관념을 만들어내죠? 관념이 만들어지면 바로 자기 역할을 해버려. 이 법을 깨달아서 여기까지 체득을 해야만 완전히 납득을 합니다.

5. '참나' 깨닫는 영가 법문

경주 남산, 금오산 중의 연화대좌.

그런데 이것이 어디에 있느냐? 이 모양도 색깔도 없는 이것이 어디에 있느냐? 쿵! 탁! '지금 이걸 듣는 자리', 이겁니다. 탁! 이건 관념이 아닙니다. 귀로 작용을 해서 소리를 인지할 뿐입니다. 탁! 요걸 인지하는 바탕은 실상(實相)이야. 이걸, 쿵! 보는 것, 실상입니다. 관념을 붙이면 안 되고, 그죠? 내가 이걸 봐야겠다 생각해서 보는 것 아니죠? 그렇죠? 들으려 해서 듣는 것 아니죠? 부딪히면 아픔을 느끼죠? 그죠? 내가 아파야겠다 생각해서 아픈 것 아니거든.

이것은 안·이·비·설·신·의를 통해 끊임없이 작용해. 몸에 닿으면 촉식이라 그래, 몸에 닿으면 촉감을 느

낌으로써 인식하는 것, 귀에 닿으면 소리를 통해서 인식하는 것, 그다음에 모양을 봄으로써 인식하는 것, 냄새 맡고 맛보고 전부 인식하는 것의 바탕이, 본래 변함없는 여러분들의 실상이야!

전부 인지하고 그때부터 거기서 가지가지 관념을 만들어내 붙이니까, 이 작용하는 자체는 본래부터 그러하기 때문에 흠이 아니야. 여러분들은 보고 듣는 걸 통해서 생각으로 만들어 붙여서 관념을 만들어버려. 여기서 중생도 아닌 것이 중생노릇을 하게 됩니다. 중생이 아닌 것이 중생노릇을 하는 것은 그래서 나눠져요, 중생노릇은.

그래서 부처님께서 옛날에 이런 말씀을 초기에 하셨어. 저기 오는 차가 검은 차다, 흰 차다, 저기 피어있는 것은 꽃이다, 저긴 그냥 나무다, 여기까진 중생과 부처님이 똑같이 인지해. 첫 번째 화살! 그 뒤에 가지가지 상상을 만들어 붙여 관념을 만들어서 거기에 집착해 매이니까 두 번째 화살이다.

두 번째 화살을 맞는 것은 중생이 맞고, 첫 번째 화살은 중생과 부처가 동일하게 맞는다, 똑같이. 이것은 실상이야. 두 번째 화살을 맞는 것이 중생들이 맞고 첫 번째 화살은 부처와 중생이 똑같이 맞되, 이것은 하자(瑕疵)가 없다.

여러분들 울산서 여기 왔죠? 그렇다고 여기서 내가 경주로 와야 되겠다는 것은 관념이 아닙니다, 그죠? '시장 봐와야 되겠구나' 해서 시장 봐오면 끝나죠, 그죠? 관념이 남을 것이 없죠, 그죠? '내가 오늘 제사가 끝났으니 집에 가야지' 하는 것도 나중에 관념이 남을 것이 없죠, 그죠? 하자가 없습니다. '배고파서 밥해 먹어야지' 그러면 아무 관계 없다. 그래서 일상생활 동안 항상 아주 멋지게 부처작용을 합니다. 아무 하자 없습니다.

보고 들었던 거와 지레짐작해서 가지가지 상상을 붙여, 있지도 않은 것을 있는 것처럼 인식하기 시작하면 그때부터 두 번째 화살이 돼. 지금 보고 듣는 걸 통해서 이미 관념을 붙이면 두 번째 화살이 돼버려. 이 두 번째 화살과 첫 번째 화살이란 것이 중생과 부처의 차이야.

근본은 부처님과 중생이 똑같아. 그래서 내가 오온을

설명할 때 중생과 부처는 근본이 똑같은데 왜 부처라고 이름 붙이고, 중생이라 이름 붙이느냐? 보고 듣는 걸 통해서, 가지가지 상상을 통해서 가지가지 관념을 만들어 붙여서, 거기서 끌려 나가는 놈을 중생이라 하고, 그것이 본래부터 가짜인 줄 알아 끌려가지 않아서, 그렇기 때문에 아예 관념이 일어나지 않아. 관념자체가 일어나지 않아, 관념이 생기지 않기 때문에 아무리 부딪히고 아무리 행주좌와(行住坐臥) 어묵동정(語默動靜)에 대인접대(對人接待)를 하더라도 아무렇지도 않아. 해도 한 바가 하나도 없다. 자, 이럴 때 여긴 생(生)도 사(死)도 없어. 시간도 공간도 없어.

우리가 이래서 부처를 모시고 있으면서도 중생노릇을 한다. 관념을 만들어서 꺼꾸러지니, 꺼꾸러져 '전도(顚倒) 됐다' 그래. 내가 만들어놓은 그림이거든. 그죠? 관념은 내가 만들어놓은 그림이죠, 그죠? 내가 만들어놓은 그림의 노예가 되어서 조종을 받아. 하루 종일 자기 관념 속에 정신없이 조금도 쉬지 않고 왔다 갔다 해. 남녀노소 출가승속 없이 전부 다 똑같습니다. 이제 이렇게 되면 꿈꾸는 것과 똑같이 돼. 꿈꾸는 거와 똑같기 때문에 꿈속에 있을 땐 꿈인 줄 모르지. 깨고 보니, 관념을

5. '참나' 깨닫는 영가 법문

벗어나보니까 내가 무슨 망상을 떨었어? 관념에 빠져있거나 자면서 꿈꾸는 거와 똑같은 거야. 관념에 집착을 해서, 있다고 착각을 하고, 거기서 조종을 받는 자는 전도몽상, 전도몽상! 거꾸로 뒤집혔어.

왜? 자기가 그린 제 그림에 자기가 노예가 되었으니까 이것은 거꾸로 뒤집힌 거야. 내가 그린 그림의 노예가 되었으니까 꿈꾸는 거와 똑같지. 그래서 전도몽상(顛倒夢想)!

우리가 반야심경에서 자주 읽지요. 전도몽상, 이런 말이 나오는데, 제일 처음에 나오는 것이 걸림 없는 지혜로써 살펴보니 오온(五蘊)은 내가 만든 관념이라 실제 존재하지 않는 가짜의 그림이더라. 이걸 보면서 마침내 해탈해서 부처가 되었느니라.

자, 이걸 원문으로 읽어봅시다. 관자재보살, 관자재(觀自在)가 뭔지 압니까? '관념을 벗어난 걸림 없는 마음'을 '관자재'라고 해. 행심반야바라밀(行深般若波羅密)이 뭐냐? 지혜로써 살펴보니 여러분들이 각자 가지고 있는 나다·너다 하는 가지가지 생각, 관념이 전부가, 자기가 만들어놓은 제 그림인데, 그걸 진짜로 알고 거꾸로 뒤집혀있는 걸 살펴보라. 그것만 없으면, 거기에만 안 빠지면 부처하고 똑같아. 오온으로써 표현한 것이 색·수·상·행·식, 그렇죠? 오온이 만들어진 과정을 설명했죠?

그러니 이것을 알고 나면 아무리 보고 듣고 아무리 해도 거기 안 걸립니다. 가짠데 가짠 줄 알고 그걸 붙잡으려는 사람이 누가 있어? 그림자를 그림자로 아는데 그것이 왜 존재해? 원체 오랫동안 막혀있어, 거꾸로 살았던 습관에 의해 자꾸 뒤집히는 건 있습니다. 눈 뜬 사람도 가끔 꿈 생각하죠? 똑같은 거요. 그래서 뒤집혀서 헤맬 때가 있긴 있어요. 그러나 이걸 제대로 한 번 본 사람은 어떠냐? 결국 안심입명처(安心立命處)로 돌아갈 수밖에 없다.

그래서 내가 반야심경은 반야부 600부의 압축이고, 금강경의 압축이고 부처님이 45년 동안 설법한 핵심적 내용의 압축이다. 지금 한 이 얘기를 부처님은 45년 동안을 뭘 그렇게 장광설(長廣舌)을 했느냐? 우리, 애기도 있고, 갓 태어난 영아도 있고, 또 똑똑한 사람, 영특한 사람, 아주 천층만층으로 섞여있기 때문에 이 사람들이

5. '참나' 깨닫는 영가 법문

각자 부처님께 찾아와 이 법을 물으면 그 수준에 맞춰 얘기해 줘야 되는 거야. 그러니 사설이 많기가 99%야. 핵심은 0.1%도 안 된다, 사실. 전부 우는 아이 사탕 주어 달래듯이 근기 따라서…….

부처님이니까 가능했던 거야. 그 지겨운 일을……, 알아듣지 못하니! 여러분들 만약 사심(私心)이 있어서 개념에 매여 있으면 한두 번 하다 보면 성질 나서 못합니다. 그걸 뭐하러 하려해? 내가 왜 이 짓을 해야 되는지 모르죠? 부처님이니 가능한 거야. 일체 중생을 내 몸처럼 아끼고 일체 중생이 오직 불쌍하고 안되었을 뿐이야. 이건 어떤 경우에도 다 구원해야 된다 하는 대자비심(大慈悲心)으로서, 이런 원력이 없으면 이건 불가능합니다.

그래서 우리가 왜 지장보살, 지장도량을 했느냐? 지장보살은 지옥에 있는 중생이 하나도 없을 때 자기는 성불하겠다. 한량없는 중생이 있고, 한량없는 지옥을 스스로 만들어서 거꾸로 갈 때는 끊임없이 윤회를 하는데, 이것이 하나도 없을 때까지 자기는 성불 안하겠다. 일체 우주의 모든 몸이 자기의 몸하고 똑같으니까. 바로 동일한 거야.

그래 지장경을 읽어 오라 했죠? 그죠? 지장경을 읽어 보면 원력(願力)을 세운 동기를 여러분들이 잘 들어보면 인간 사심이 있는 사람은 상상도 할 수 없는 일입니다. 그러나 오래오래 읽다 보면 참 이런 삶이 있을 수 있구 나! 과연 나도 이렇게 될 수 있을까? 처음엔 의구심을 느낍니다. 그러나 오래오래 읽다보면 자기도 모르게 젖 어들죠? 젖어들면서 자기 원력이 커지기 시작해. 그 원 력을 따라서 지장보살의 대원력이 옮겨지면서 그냥 여러 분 걸로 자리잡기 시작해. 사실 여러분들이 바로 대원력을 세우는 지장보살의 원력이다. 그러니 지장경을 반드시 읽고 지장보살을 염하고 원력을 세우라는 것이야. 이 세상에서는 원력만큼 소중한 것이 없다. 원력을 세우지 않으면 아무것 도 할 수 없다.

여러분들 사업을 하나 하고 적은 일을 하나 개혁하더 라도 맘에 단단히, 단단히 끊임없이 결심을 하고, 아무 리 작은 일에라도 중간, 중간 흔들리느냐? 내가 이 일을 정말로 해내고야 말겠다는 이러한 각오를 수십 번, 수백 번 되풀이해. 일체 중생을 전부 구제하되 무너지지 않겠 다는 원력을 세세생생(世世生生) 세우고 구제하면서, 원 력과 행이 다 같이 굳어지는 거야. 이래서 우리 대승보

5. '참나' 깨닫는 영가 법문

살, 불보살의 가피를 입는 거야. 자기의 위신력으로 원력을 극대화시켜. 이 몸뚱이 하나는 백 년 이내에 죽습니다. 백 년 이내에 이 몸뚱이는 사라져요.

　지장보살이 원력을 세운 건 이렇습니다. 처음에는 남의 집 딸로 태어났다가 어머니가 죽었는데 어머니를 보고 싶은 간절한 마음에 기도를 하죠? 우리 어머니는 돌아가셔서 어디에 태어났을까? 그러면서 원력에 의해서 어머니가 지옥에서 받는 고통도 보고, 보는 순간에 전부 저승사자들이 인도를 하죠? 각 지옥구경을 다 시키죠? 참혹하기 이루 말할 수 없는 거야. 그러면서 그 자리서 원력을 세우죠? 이 불쌍한 죄고중생을 다 제도하지 않으면 성불하지 않겠다. 그러면서 나한의 몸으로, 왕의 몸으로, 수행자의 몸으로, 가지가지 장자, 부자의 몸으로 끊임없이, 끊임없이 생을 되풀이하면서 오늘날 지장보살, 대보살로서 위력이 나타난 거야.

　여러분들 자신도 다 그와 같은 원력만 세우면 그렇게 되는 거요. 여러분들은 정말로 일체 중생을 상대로 다 제도하겠다는 원력을 세우면 바로 지장보살의 원력이다.

그러나 그것도 좋지만 가장 중요한 건, 가장 가까운 사람부터 우선 먼저 제도하라. 가장 가까운 사람부터. 가장 가까운 사람, 가정에는 배우자, 아들 딸, 일가친척, 여기서부터 시작하라. 그건 가만히 놔둬버리고 뜻만 커가지고 뭘 어떡하려고? 내 가정이 제도되어야 이웃이 제도되고, 이웃이 제도되어야 주위로 확산되면서 자기 원력이 실행되는 거예요. 젤 중요한 것이 나랑 가까이 있는 사람이 가장 소중하다. 인연이 오랫동안 깊어. 여러분들이 지나가다 옷깃 한번 스쳐도 오백생의 인연이야.

하물며 같이 살을 맞대고 사는 사람들이야 얼마나 무량무수 겁을 서로 가까운 인연으로 살아왔겠느냐. 가장 가까운 인연을 제도하기 쉽고, 뭐니뭐니 해도 가까운 인연을 제도할 수 있다. 가까운 인연을 제도해야만 이웃을 통해서 그 원력이 확대되면서 그 원력이 성취되어 가는 거야. 가장 가까운 인연을 놔두고선 밖으로 돌면서 제도하려고 하지 마라. 그래선 되는 것이 아니야. 가까운 인연부터!

우리 속가에 살다 보면 이런 거 있죠? 밖에서는, 저런 사람 없을 겁니다, 아주 좋아. 사람 만나면 친구들 술도 잘 사 주고, 음식도 잘 사 주고 아주 사로잡거든. 사람 좋다는 소릴 듣는데, 이런 사람일 수록 집에는 소홀히 하는 거야. 집에 들어가면요, 식구들이 미워하거든. 그러면 들어가기 싫어 밖으로 자꾸 돌게 돼. 집에 들어가는 게 지옥처럼 되어버리고 밖으로 돌면서 허세만 떨어. 물론 식구들한테도 인정받고 밖에서도 인정받으면 좋지만, 대부분이 밖에서만 인정받고 가정에서는 인정받지 못하는 사람들이 많더라. 이건 잘못된 겁니다. 밖으로 인정 못 받더라도 내 가정 잘 다스리고 화합을 이루고, 거기서 모든 것이 서로 소통된다면 자동적으로 이웃으로부터 모범이 되고 밖으로 퍼져나가지.

그러니 이, 우리 부처님 법은 전부 일체중생을 자기 한 몸으로 봅니다. 쉽게 봅시다, 해 달 별에 있는 원소들까지 하나로 우리 몸속에 다 들어와 있죠? 그죠? 여러분들 몸뚱이는 각자 나눠가졌지만 아예 원소가 똑같습니다. 실제로 무정물체의 모든 원소들까지 우리 몸에 다 있는 겁니다. 심지어 화성에 있는 걸 가져와 봐도 우리 몸속에 있는 것하고 똑같은 겁니다. 직접 과학적으로 증명 되었어.

똑같은 걸 나눠가지고 그 가운데 살고 있기 때문에

내 것이라는 게 따로 없습니다. 이 몸뚱이는 죽으면요, 되돌려줘야 돼. 되돌렸어도 어느 생명체를 타고 또 이것이 옮겨가서 영양가를 또……. 이렇게, 이렇게 우리 몸뚱이 자체는 백 년 이내, 몸뚱이에 가지고 있는 것은 백년도 갈 수 없다. 그래서 남는 것은 우리 원력과 자성을 밝히는 것뿐이다.

생사 없는 도리를 먼저 알아야만 중생의 몸을 내 몸으로 볼 수 있는 원력이 생기고 지혜가 생겨서 너, 나를 가리지 않고 일체 중생이 하나가 되어 살아가는 거야. 이러한 지혜가 열리는 거야.

그래 우선 '나'라 하는 개념이 가짜라는 것, 이것부터 알아야 돼, 그죠? '나'라 하는 개념은 가짜다. 그래서 이걸 할 수 없이 '무아'라 그래. '내가 없다' 네? 허무주의에 떨어져. 전부 고정된 것도 없고, 실체도 없고, '나'라 하는 것도 없다 했으니 허무주의에 떨어지는 거야. 그것은 '나'라 하는 '개념'을 말하는 거야. 그것이 '나'라고 알고 있는 것은 내가 만든 관념을 말하는 거야. 그러니 그것이 가짜라는 뜻이야. 인연이 되어서 작용하는, 쿵! 이걸 부정하는 게 아닙니다, 이걸. 모든 사물을 보고 죽

5. '참나' 깨닫는 영가 법문

비가 존재한다, 나무가 존재한다는 건, 왜 가짜라 했는
지 이제 이해를 합니까?

　여러분들은 삼법인을 이해하면 연기법을 이해합니다.
연기법을 이해하면 생명활동의 시스템이 한 눈에 보입니
다. 왜 우리가 인과응보라 하는지 압니까? 콩을 심으면
콩이 나고 팥을 심으면 팥이 난다는 건 인과응보가 아
니죠? 본래 생명활동이 그렇습니다. 어떤 생각으로 어떤
행을 했느냐에 따라서 그대로 자기한테 돌아옵니다. 주
위 여건과 조건, 가지가지 모양을 띠고서 내 앞에 다가
와요. 내 삶이 되어버려요. 내가 지은 것이 내 삶이 됩
니다.

　내 삶이 맘에 안 드는 게 많죠? 자기 삶이 맘에 안
드는 게 엄청 많을 겁니다. 지혜롭지 못하여 이런 행위
가 자기에게 어떻게 돌아오는지 모르니까, 이 생각이 옳
은 생각이냐, 사심이냐, 공심이냐, 모르니까 생각나는 대
로 저지르고 행을 하다 보니까 내 맘에 안 드는 게 수
두룩한 거예요. 자기가 살아온 모습의 결과입니다. 자기
가 살아온 모습이야. 그건 딴 데서 누가 준 게 아니야.
누가 뺏어갈 수도 없고 대신 받을 수도 없다. 내 깨닫는

거 남이 대신 못해주고, 인과 대신 못 받고, 대신 죽어 주지 못하고, 이건 부처님도 못해요. 내 대신 죽어줄 수도 없고, 인과도 대신 받아 줄 수도 없고, 대신 깨달아 줄 수 없어.

각자 자기 자신이 주인이기 때문에 이것은 남이 해줄 수 없어. 스스로 깨치고 스스로 본래 가지고 있는 자리가 이 자리이기 때문에, 이 자리가 본래 그 자리기 때문에, 이 자릴 스스로 봐야지 남이 어떻게 봐주겠어요? 남이 봐줄 수 있는 게 아닙니다.

자, 한번 종합해 봐요. 삼법인을 통해서 가지가지 횡설수설하면서 많은 얘길 떠들었습니다. 그러다 보니 한 시간이 흘러갔다. 여기서 사성제, 들어봤죠? 여기서 제일 중요한 게 있는데, '현실'이다. 현실이 제일 중요하다. 왜? 지금 모양과 조건과 내가 처한 상황은 지어놓은 열매야. 이렇게 되기까지 내가 지어놓은 열매! 자기가 어떤 행동을 하며 살아왔느냐하는 결과가 나타난 거야. 과거에 내가 어떻게 살았구나 하는 걸 이 순간에 바로 관찰해보면 과거를 볼 것 없어요. 그게 바로 자기 과거입니다. 지금 나타나 있잖아요? 나는 왜, 요 모양 요 꼴

일까? 나는 왜, 맘대로 안 될까? 이게 전부가 자기가 살아온 결과로써 나타나 있는 것이야.

그 다음에 앞으로 어떻게 될 것인가? 앞으로 올 게 뭐가 있겠어요? 지금 내가 무슨 생각으로 어떤 짓거리를 하느냐? 그것이 다가올 미래상인데. 미래는 없는 거예요. 과거도 이미 존재하는 게 아니고요.

지금 이 순간, 이게 제일 중요한 게 뭐냐? 선택할 수 있죠? 지나간 것 다 관조해서, 다 살펴보아서 자기의 삶을 다 보았고, 앞으로 올 건 아직 안 왔으니 어떻게 되느냐? 지금 내가 어떤 생각으로 어떻게 사느냐에 따라서 앞으로 다가올 미래가 만들어집니다. 얼마든지, 여러분들은 미래를 창조할 수 있는 이 자리에 있어. 제일 중요한 건 현실, 지금 이 순간이다. 선택할 수 있습니다. 끊임없이 선택할 수 있습니다. 잘못된 걸 끊임없이 수정하면서 선택할 수 있습니다.

자, 여기 한마음 잘 먹어서 자성(自性)을 바로 보려는 노력을 하면 바로 부처될 수 있는 것이고, 부자가 되고 싶으면 정신적으로든 물질적으로든 아낌없이 남한테 보시하라. 그러면 다음 생에 그것이 자기 거야. 이자가 곱으로 돌아와. 물질적 정신적, 유위법 무위법이 한꺼번에 갖추어지는 법이야. 내가 지옥 가고 싶으면 아주 간단합니다. 남을 미워하고 증오하고 가지가지 나쁜 짓만 골라가며 하면 되거든. 그것도 힘듭니다. 그렇게 하면 지옥은 가고 싶은 대로 가. 남한테 끊임없이, 아낌없이 베풀고 화합하고, 용서하고 항상 긍정적인 생각만 일으키는 사람은 아무리 해도 지옥은 갈 수 없는 거야. 이 자리 그대로 극락이 되어버려.

선택입니다! 여기 지금 이 자리서 선택이야! 제일 중요한 게 뭐냐? 참나를 보는 것이 제일 중요하잖아! 아무리 부자 되고 극락 가고 헛일입니다, 전부! 본래 생(生)도 사(死)도 없는 자성(自性)을 바로 봐버려야, 이 자리서 바로, 생사 없는 도리를 체득해야지, 그보다 더 좋은 게 어디 있어? 아무리 부자라도, 누가 무엇이든 다 준다 해도 전부 헛일입니다.

여러분들은 지금, 가장 중요한 선택을 할 수 있는 이 시간, 이 순간이 제일 중요하다. 항상 이 순간이 제일 중요하다. 뭘 어떻게 선택하고 어떻게 살 것이냐 하는

5. '참나' 깨닫는 영가 법문

걸 항상 자각하며 살아가세요. 그 중에 어느 것이 제일 중요하냐? 여러분 스스로 판단에 맡깁니다. 자, 오늘 법문을 마치겠습니다.

선(禪)으로 푼 근본교리

1판 1쇄 펴낸 날 2015년 11월 26일

법문 백운스님 **녹취** 일해 **정리** 보광화
발행인 김재경 **편집·디자인** 김성우 **교정·교열** 이유경
마케팅 권태형 **제작** 해인프린팅
펴낸곳 도서출판 비움과소통
　　　　　　서울시 구로구 구로동로 206(구로동 487-36 1층)
　　　　　　전화 02-2632-8739 팩스 0505-115-2068
홈페이지 http://bns-mall.co.kr **이메일** buddhapia5@daum.net
출판등록 2010년 6월 18일 제318-2010-000092호

고위산 백운암 경북 경주시 내남면 노곡리 산129번지
　　　　　　전화 054-748-3530
　　　　　　카페 '고위산 백운암'(cafe.daum.net/bwa3530)

© 백운스님
ISBN 978-89-97188-87-1 03220